다음 세대를 생각하는
인문교양 시리즈

노력은
외롭지 않아

때론 쓸모없어 보이는 일에
최선을 다하는 이유

마스다 에이지 지음 | 박재현 옮김

샘터

JINSEI WO KAERU TADASHII DORYOKU NO HOUSOKU

ⓒ EIJI MASUDA 2014

Originally published in Japan in 2014 by KANKI PUBLISHING INC., TOKYO,
Korean translation rights arranged with KANKI PUBLISHING INC., TOKYO,
through TOHAN CORPORATION, TOKYO, and BC Agency, SEOUL.

love for love
effort for effort

당신은 노력에 대하여 생각해 본 적이 있습니까?

노력
努力

보상 없는 노력은 무의미할까?

당신은 '노력'에 대하여 진지하게 생각한 적이 몇 번이나 있나요?

우리는 어린 시절부터 성인으로 성장할 때까지 노력이 얼마나 중요한지에 대하여 끊임없이 반복하여 배웁니다. 그처럼 노력이란 보편적인 주제이지만, 사실 깊이 생각하면 할수록 알 수 없는 어려운 주제이기도 합니다.

'애당초 노력이라는 것이 필요한가?' '하기 싫은 일에도 계속 노력해야 하는가?' '노력하면 반드시 보상 받을 수 있나?' '노력이 보상 받지 못했을 때는 어떻게 하는가?'

스포츠 세계에서 영광을 거머쥘 수 있는 사람은 사실 몇몇에 불과하지요. 비즈니스 세계에서도 사장이나 임원이 될 수 있는 이는 몇몇 사람으로 한정되어 있습니다. 그래도 계속 노력한다는 것에 대체 무슨 의미가 있는 것일까요?

노력에 대해 생각할 때 이처럼 우리는 뜻밖에 많은 어려운 문제들과 부딪힙니다. 깊이 생각할수록 눈앞에 놓인 의문이 얼마나 거대한지를 깨닫게 되지요. 또한 노력의 의미에 대하여 생각할 때 운명이나 숙명, 그리고 운運의 문제에서도 우리는 결코 자유로울 수 없습니다.

가혹한 시련이나 역경은 가차 없이 갑작스럽게 찾아옵니다. 그때 지금껏 자신이 쌓아 올린 것이 한순간에 무너지면 인생의 의미와 모든 노력이 부정당하는 것 같습니다. 노력 따윈 무의미하다, 노력한답시고 괜한 짓을 한 것인가, 정말이지 이 세상은 불공평하다……라고 말이지요. 우리는 고민하고 답을 찾지 못하는 가운데 이렇듯 몸부림칩니다.

시련이 닥쳐왔을 때 온 힘을 다한다 해도 때때로 아무런 도움을 얻지 못할 때가 있지요. 예전의 내가 그러했듯이 말입니다. 그렇다면 과연 그런 것일까요? 노력이라는 것은 정말로 무력한 것일까요?

이 책에서는 노력에 관한 이들 물음에 대한 답을 나의 경험을 비롯하여 다양한 방면에서 여러분과 함께 생각해 보고자 합니다.

나는 몸담고 있는 변호사 업계에서는 다소 이름이 알려져 있지만, 업계 이외의 세계에서는 거의 무명에 가깝습니다. 그런 작자가 하는 말을 과연 얼마나 많은 사람이 귀 기울여 들어줄지, 책을 쓰기에 앞서 다소 주저하지 않을 수 없었습니다. 하물며 나의 개인적인 부분까지 드러내지 않으면 안 된다는 점에서 더욱 망설여졌지요.

그러나 강연에서 내가 경험한 일들을 이야기해 드리면 많은 분들이 공감해 주시고 소감을 들려주시기도 했지요.

"눈물이 났어요. 저도 힘을 내보려고 해요."

"절망을 딛고 일어설 용기가 생겼습니다."

"미래는 단연코 달라질 수 있다고 믿게 되었습니다."

"고통도 슬픔도 모두 받아들일 수 있을 것 같아요."

그런 체험을 통해 '내 경험이 어려움을 겪는 사람, 고통 받는 사람에게 조금이나마 도움이 된다면 노력이라는 것을 어디 한번 정면에서 이야기해 보자'고 결심하기에 이르렀습니다.

내가 이 책을 통해서 전하고 싶은 메시지는 단 한 가지입니다.

'어떤 상황에 놓여 있든, 어떤 역경에 직면해 있든, 우리는 기필코 이겨 낼 수 있다.'

비록 결과를 얻지 못해도, 노력에 대한 보상을 받지 못해도 올바른 노력을 하면 운명을, 그리고 인생을 크게 바꿀 수 있습니다. 따라서 이 책은,

역경에 처한 사람, 벽에 부딪힌 사람, 불합리에 역겨움을 느끼는 사람, 기적을 원하는 사람, 좌절을 딛고 재기하고 싶은 사람, 운명을 바꾸고 싶은 사람, 인생을 바꾸고 싶은 사람……

이런 사람들이 꼭 읽어 보았으면 좋겠습니다.

나는 인생을 살아오는 동안 수차례 절망의 절벽 끝에 내몰린 적이 있습니다. 고통과 아픔으로 어찌할 바를 몰라 허둥댄 것도 한두 번이 아니지요. 그러한 때에도 나는 끊임없이 노력했고 때로는 휴식을 취하면서, 다시 일어설 수 있었습니다. 나는 지금 매우 행복하고 충실한 인생을 살아가고 있습니다.

이 책을 손에 든 당신에게 나의 경험이 다소나마 도움이 될 수 있다면 매우 기쁠 것입니다.

2015년 12월

마스다 에이지

| 차 례 |

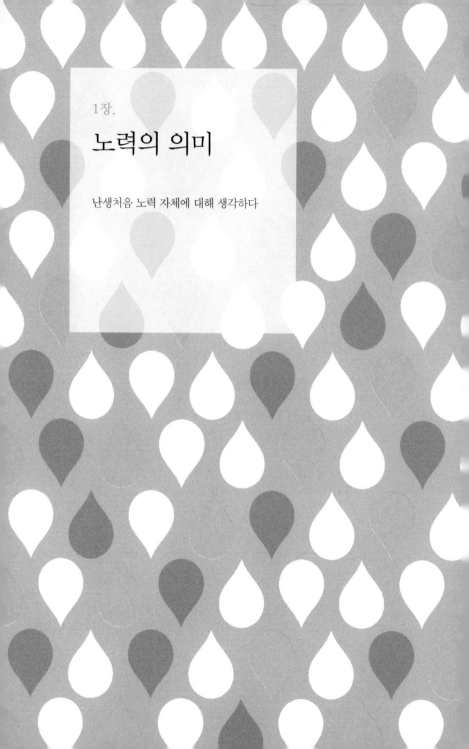

1장.
노력의 의미

난생처음 노력 자체에 대해 생각하다

우리는 무엇 때문에 노력하는 걸까요?

성공하고 싶어서, 결과를 얻고 싶어서……

성공하지 못하거나 결과가 나오지 않으면
노력에는 의미가 없는 것일까요?

무의미할 뿐 아니라 헛수고일 수도…….

정말 그럴까요?

사람은
무엇을 위해
노력할까?

"이제 그만하세요. 이걸로 충분합니다. 여기까지 했는데 뭘 더 바라 겠어요. 충분해요……."

하염없이 눈물짓는 아내를 설득하여 소아과 의사 선생님에게 동 의한다는 뜻을 전하자, 선생님은 마침내 아들에게 실시하던 심장 마 사지를 멈췄습니다.

중증 장애를 안고 태어난 아들은 태어난 이래 단 한 번도 병원 밖으로 나간 적이 없고, 생애의 90퍼센트에 이르는 시간 동안 인공 호흡기를 단 채로 그저 자고 깨고 울었습니다. 호흡을 비롯해 그 밖 의 동작은 일절 자유롭지 못했고, 우리 부부를 엄마, 아빠로 인식하지도 못한 채 3년 10개월이라는 짧은 여행을 마치고 저세상으로 떠나갔지요.

지금으로부터 17년 전인 1998년 4월, 당시 국립소아병원은 벚꽃이 만개하여 꽃잎이 바람을 타고 날리고 있었습니다. 그 가운데 작고 가련한 생명 하나가 사그라졌습니다.

노력에 대체 어떤 의미가 있는가……. 그때만큼 노력한다는 게 어떤 것인지 진지하게 생각해 본 적이 없습니다.

나의 첫아이는 심각한 중증 장애아로 이 세상에 태어났습니다. 아들이 태어난 이후 3년 10개월 동안, 우리 부부는 할 수 있는 모든 노력을 다했습니다. 비록 평범하고 건강한 아이는 될 수 없을지라도 때때로 병원에서 나와 집에서 가족과 같이 지내는 날이 오기만을 바라는 마음으로 그렇게 한 것이지요.

그러나 결국 기적은 일어나지 않았지요. 그 어떤 소망도 이뤄지지 않았습니다. 우리의 노력은 물거품이 되어 버렸습니다.

의사 선생님은 의학적으로 아이가 우리 부부를 엄마, 아빠로 의식할 리 없다고 설명해 주었고, 그것은 나 자신이 책을 읽고 알아낸 정보로도 틀림없는 사실이었습니다. 그럼에도 불구하고 우리는 적극적으로 계속하여 노력했습니다. 과연 이런 노력에 얼마만큼의 의미가 있었던 것일까요?

거의 성과를 기대할 수 없는 일에 매진하여 쉼 없이 노력하는 모습은 지금 전 세계 엘리트들이 몸소 실천하는 '시간 관리'라는 관점에서 보면 그저 '시간 낭비'로밖에 보이지 않겠지요. 의식도 없이 거의 혼수상태에 가까운 아이를 매일 만나러 가는 것에는 대체 무슨 의미가 있었던 것일까요? 가령 '인생에 허투루 일어나는 일은 단 하나도 없다'고 한다면, 이런 납득이 되지 않는 가혹한 일이 어째서 아이와 우리 부부에게 일어나고, 우리는 그것을 한없이 견뎌 내지 않으면 안 되는 것일까요?

'어째서 우리에게 이런 일이 일어난 것일까…….' 아이의 건강이 조금이라도 좋아질 수 있다면 '무슨 짓이든 하자'고 생각하면서도 나는 끊임없이 이런 갈등에 고민했습니다. 지금으로부터 20년 전의 일입니다.

그러나 20년이 지난 지금이기에 말할 수 있습니다.

'터무니없다고 생각되는 시련이나 역경과 맞닥뜨렸을 때조차 정면에서 그것을 받아들이고 극복해 가려는 자세와 노력이 필요합니다. 일어나는 모든 일에는 어떤 의미가 감춰져 있고, 노력을 통해 그것을 깨우칠 때 비로소 인생이 비약적인 성장과 성숙으로 이어집니다.'

우리는 본디 무엇을 위해서 노력하는 것일까요? 천재든 아니든 결과를 만들기 위해서는 노력이 절대적으로 필요하지요. 하지만 결과를 만들어 내는 것이 노력의 진짜 목적일까요?

나는 그렇지 않다고 생각합니다. 비록 원하는 결과가 나오지 않는다 해도 노력할 필요는 있었지요. 당시 우리 부부가 아이의 간병과 치료를 위해 온갖 애를 썼지만 결과적으로 무엇 하나 결실을 맺지 못했다 해도 말입니다. 굳이 노력의 진정한 의미를 찾는다면 '인생의 진가'에 눈뜨고 그것으로 자신의 인생을 보다 '성장시킨 것'이 아니었을까요.

앞으로 이 문제를 다양한 각도에서 생각해 보고 싶습니다.

노력의 처음,
진심으로
원하는가

'노력'이라고 해도 저마다 처한 환경이 다른 만큼 그 개념은 결코 같지 않기에 먼저 노력에 관한 기본적인 것들을 생각해 보기로 하지요.

우리가 노력할 때 그 끝에는 노력함으로써 얻고자 하는 목적이나 목표가 있습니다. 목적이나 목표가 현재의 자신에게서 멀면 멀수록, 어려우면 어려울수록 해야만 하는 행동의 질도 양도 평소와 같아서는 도저히 그 끝에 다다를 수 없겠지요. 그래서 평소의 자신을 뛰어넘어 목적지로 향할 필요가 있습니다. '지금 있는 곳'에서 '다다르고 싶은 곳'으로 가기 위한 도구가 바로 '노력'인 셈이지요.

그런데 노력이라고 하면 일반적으로 '힘들다, 고통스럽다, 인내

해야 한다'는 부정적인 생각들을 가집니다. 그러다 보니 아무래도 '노력이 계속되지 않는다', '어떻게 노력해야 할지 방법을 모른다'며 작심삼일을 호소하는 경우가 흔히 발생합니다. 할 수만 있다면 노력할 상황을 피하고 싶은 게 우리네 마음일 테지요.

또한 세상에는 노력에 높은 가치를 두는 사람이 있는 반면에, '노력이란 고작 성공한 자들이 하는 빤한 소리다', '어느 세계든 성공하는 건 일부 몇몇 사람으로, 대다수 사람들은 승리의 술잔을 맛볼 수 없다. 따라서 노력 따윈 무의미하다'며 싸늘한 시선을 거두지 않는 사람도 꽤 많습니다. '재능이 모든 것'이라며 말이지요. 노력이 좀처럼 결실로 이어지지 못할 때나 혼자 감당하기 어려운 시련이나 역경에 부딪혔을 때는 특히 노력이 얼마나 허무한지 뼈저리게 느끼지요.

그러나 노력에 대한 부정적인 이미지를 긍정적인 것으로 바꾸기만 해도 지금 보이는 세상과는 완전히 다른 '새로운 세상'이 눈앞에 펼쳐집니다.

기쁘지 않으면 다다를 수 없다

노력을 말할 때 언제나 단짝 친구처럼 따라다니는 것들이 있습니다. 그것은 강한 비전(되어야 할 모습)이나 미션(비전을 이루기 위해 해야 할 일) 혹은 강렬한 정열을 동반한 목표 설정이지요.

보통은 그저 맹목적으로 노력하지는 않지요. 가령 그랬다 해도 노력을 이어 가는 데 곧 싫증을 내거나, 대체 왜 노력해야 하는지를 깨닫지 못한 채 억지로 참고 노력을 이어 가려 기를 쓰게 되겠지요. 그러다 결국 시간과 돈을 허투루 쓰고는 성과도 올리지 못한 채 끝나 버리고 말 가능성이 큽니다.

노력은 언제나 목적이나 목표와 결부됩니다. 게다가 그 결합이 강할수록, 비전이나 미션이 강렬할수록 노력은 결실을 맺을 가능성이 높아지지요. 아들을 위한 3년 10개월에 걸친 간병은 유감스럽게도 아무런 결실도 맺지 못했지만, 그래도 내가 온갖 시도를 다할 수 있었던 것은 '비록 완치되어 건강한 아이가 될 수는 없어도 적어도 아들 녀석과 한집에서 살고 싶다'는 영혼이 부르짖는 목표가 있었기 때문입니다.

알랭의《행복론》에 나오는 '원하면 얻는다'는 말을 비롯하여 '진정 원하면 이루어진다'는 뜻의 명언을 자주 들을 수 있는 것은, 목적이나 목표를 달성하고자 하는 정열이 얼마나 강한지에 따라서 그 결과도 크게 달라지기 때문일 테지요.

내가 하는 일 중에서 특히 컴플라이언스compliance(기업 활동이 사회 규범에 반하지 않고 공정하고 공평하게 이뤄지도록 하는 것 – 옮긴이)를 바르게 진행하기 위해 나는 뇌 과학이나 행동심리학을 근간으로 한 코칭법을 상당히 깊이 공부했습니다. 코칭법을 배우는 가운데 특히 인상적이었던 것은 '진정으로 원하는 강렬한 목표를 설정할 수만 있다면 뇌의 무의식 영역에 큰 변화가 일어나 엄청난 힘을 발휘한다'는 사실이었습니다.

'강렬'이라는 말은 생각만 해도 가슴 뛰는, 눈물 나는, 소리치고 싶은, 소름이 돋는…… 신체 변화를 동반하지요. 또 이런 상태에서 행하는 노력은 전혀 고통스럽지 않습니다. 물론 육체적으로는 힘들지만 정신적으로는 뜨겁게 타오르는 상태에서 행하는 것이기에 무의식 차원에서는 전혀 힘들다고 생각지 않는 것이지요.

단, 오해는 말아 주세요. 결과를 얻기까지 노력의 모든 과정이 마냥 즐겁기만 하다는 뜻은 아닙니다. 일류 스포츠 선수가 매일 하는 훈련은 당연히 고됩니다. 생각대로 결과가 술술 나오기도 하지만, 오히려 그런 경우가 극히 드문 예외이지요. 바람이 크면 클수록 그곳에 도달하기까지의 여정은 평탄하지 않습니다. 그러나 중요한 것은 과정 하나하나가 엄청난 도전을 필요로 하더라도 영혼이 외치는 강렬한 목표가 있다면 적어도 우리의 무의식은 '즐겁다'고 느낀다는 사실입니다.

사실 영혼에 불이 붙으면 우리는 어떤 난관과 고통도 극복해 나갈 엄청난 힘을 얻을 수 있습니다. 일본의 스키 선수 가사이 노리아키(올림픽에 역대 최다 연속 출전한 일본 스키점프의 노장)는 올림픽에 일곱 번이나 도전하여 결국 소치 동계올림픽에서 멋지게 은메달을 획득합니다. 그 불굴의 힘은 '기필코 올림픽에서 메달을 따겠다'는 염원에서 나왔으리라는 걸 의심하는 사람은 없을 것입니다.

어떤 의미에서 노력이 육체적으로 힘들고 혹독한 것은 당연한지도 모릅니다. 그럼에도 불구하고 거뜬히 그 고통을 이겨 낼 수 있는 것은 결국 무의식 차원에서 강렬히 원하는 바가 있고, 그것을 이루는 데 '기쁨'을 느끼기 때문이겠지요.

뒤집어 말하면, 육체적으로도 정신적으로도 고통스럽고 힘들다고 느끼는 경우는 그 목표를 '진심으로' 또는 '강렬히' 원하지 않기 때문이라고 생각할 수 있습니다. 물론 방법, 전략·전술이 잘못된 경우도 있을 테지만, 그런 경우라면 대부분은 얼마든지 수정이 가능하여 일시적으로 힘들어도 최종적으로는 힘든 줄 모릅니다.

결국 얼마나 진심으로 원하는가, 자신이 정말 좋아하는 일인가, 이뤄 내고 싶어 안달이 나는가의 문제이지요. 달리 표현하면, 영혼의 외침을 느끼는가!

일반적으로 우리는 유쾌하지 않은 일은 하지 않으려고 하는데, 노력도 그렇습니다. 따라서 진정 원하지 않는 한, 영혼이 불타오르지 않는 한 노력은 결코 결실에 이르지 않지요. 영혼을 뒤흔드는 강렬한 의지와 목표 설정이 없으면 노력은 무의미하게 끝나 버리기 쉽습니다.

자신의 마음이 진정으로 원하는 것을 목표로 삼을 때, 그를 향한 노력은 '숭고한 노력'으로 이어집니다. 무엇보다 이것만큼은 꼭 머릿속에 기억해 두세요.

영혼의 외침을 들었는가

자, 그렇다면 무의식의 세계에서 즐거움을 느끼고 있는지 아닌지를 판단하기 위해서는 어떻게 하면 좋을까요? 간혹 자신이 어떤 것에 도전하면서도 때로는 무엇 때문에 하는지 스스로도 납득하지 못할 때가 있습니다. 특히 실패가 이어지거나 생각처럼 성과가 나오지 않을 때는 '이대로 괜찮은 걸까?' 하고 자기 자신에게 묻기도 하지요.

그럴 때 적용해 볼 만한 간단한 구별법을 알아보지요.

1. 도전하는 동안 매일 아침 자명종 없이도 잠자리에서 일어날 수 있는가?(무의식이 안내하고 있다는 증거이지요.)
2. 피로에 완전히 지쳐도 하루나 이틀 폭풍수면을 취하면, 혹은 때때로 슬럼프에 빠져도 기껏해야 일주일 정도 쉬면 다시 활력을 되찾는가?(육체만 지쳐 있다는 증거이지요.)

비록 육체적으로는 지쳐 있어도 정신적으로 약해지지 않는 한 통상 하루나 이틀쯤 휴식을 취하면 곧 활력을 회복합니다. 무의식이 안내자가 되어 우리의 노력을 올바른 방향으로 의연히 이끌어 주기 때문이지요. 그럼에도 활력을 되찾지 못할 때는 명예나 허영심, 부모나 회사를 비롯한 어느 누군가로 인해 자신이 진정 원하지 않는 일에 매달려 노력해 보려고 기를 쓰는 것이 아닐까요? 제일 먼저 이 점을 의심해 봐야 합니다.

단, 여기서 말하는 슬럼프는 일상적인 경우를 말합니다. 자기 혼자 힘으로는 어찌해 볼 수 없는 가혹한 시련에 휘말려 목표 달성은 커녕 절망의 끝자락으로 내몰리는 경우라면 일주일 정도의 휴식으로는 활력을 되찾을 수 없지요. 우선은 자기 자신이 무너질 위기에 처해 있기 때문입니다. 그러한 때에 우리는 어떤 태도로 살아가야 할까요? 이어지는 2장에서는 이에 대하여 본격적으로 이야기해 볼 생각입니다.

일단은 노력하는 데 끊임없이 매진할 것, 그리고 결과를 얻기 위해서는 영혼의 외침에 따르는 것이 그 무엇보다 중요하다는 사실을 꼭 기억해 두길 바랍니다.

노력은 외롭지 않아

노력은
언제나
보상 받을까?

진심으로 원하여 숭고한 노력을 끊임없이 이어 간다 해도 반드시 목표에 도달하리라는 보장은 어디에도 없습니다. 결과를 만들어 내기 위해서는 진정으로 원하는 마음과 숭고한 노력이 필요한 것은 사실이지만, 그것만으로는 여전히 충분하지 않지요.

사실 여기서 뛰어넘어야만 하는 큰 장벽이 하나 있습니다. 그것은 바로 '운運'이라는 것이지요. 승부나 성공에는 아무래도 운이 따르게 마련입니다. 흔히 말하듯 '승리의 여신'이 지어 주는 미소가 필요한 것이지요.

갑자기 '운'이라는 과학적이지 못한 말이 등장하여 의아하게 생각하는 사람도 있겠지요. 또 무언가를 해내기 위해 적극적으로 노력하려는 당신에게 찬물을 끼얹는 것처럼 보일 수도 있지요. '신의 영역에 속한 운이 결과에 큰 영향을 미친다면 과연 내가 하는 노력에 무슨 의미가 있는가?'라는 의심을 심어 놓을지도 모르겠습니다.

그러나 노력과 운의 관계는 매우 중요합니다. 그래서 노력에 대하여 이야기할 때 결코 피해 갈 수 없는 주제이기도 하지요. 따라서 여기서는 회피하지도 대충 얼버무리지도 않고 정면에서 일일이 따져 보려고 합니다.

일류 스포츠 선수를 비롯하여 대학입시나 자격시험 등 각종 고난도의 시험에 응시해 본 사람이나 혹독한 시련을 극복한 사람이라면 노력과 운이 밀접한 관계에 있다는 말에 '전적으로 옳다!'며 고개를 끄덕일 테지요. '운이 따르지 않고서는 어떤 결과도 얻을 수 없다'면서요. 초보 시절에는 한두 번쯤 쉽게 좋은 결과를 얻기도 하지요. 하지만 목표가 높아질수록 운이 성패를 좌우하는 비중도 분명 커지지요. 흔히 '운도 실력'이라고 하듯이 말입니다.

물론 온 힘을 다해 노력해도 운이 따르지 않을 때가 있습니다. 언제나 운이 따른다고 단언할 수 없지요. 바로 이 부분이 노력에 대해 생각할 때 어려운 부분입니다. 그리고 이 때문에 운에 대해서도 진지하게 생각해 볼 필요가 있는 것이지요.

그럼 어떻게 하면 운을 불러들일 수 있을까요? 우선 '숭고한 노력' 없이 절대 운은 따르지 않습니다. 그것만은 확실합니다. 노력이 없다면 애초에 바람을 이룰 기회조차 얻지 못하게 되는 셈이니까요. 그러나 일단 온 힘을 다해 숭고한 노력을 실천했다면 이후에는 그저 어떤 결과가 주어지든 '맡기는' 마음을 가져야 합니다. 노력의 결과를 신에게 맡겨도 좋고 우리 인간의 인지를 훌쩍 뛰어넘는 존재에게 의탁하는 것도 좋습니다.

'맡긴다'는 것은 자기 스스로는 제어할 수 없는 어떤 것에 이후의 모든 것을 의탁하는 태도로, 위대한 존재와 자신이 혼연일체가 된다는 의미이지요(그렇다고 특정 종교를 권할 마음은 없습니다). 보기에 따라서는 소망, 불순한 동기나 두려움을 비롯하여 진지한 비전이나 사명까지도 마지막에는 모두 사라져 무가 되는 것일지 모릅니다. 다른 말로는 '눈에는 보이지 않는 무언가에 고마워한다', '직감에 맡긴다'는 표현을 써도 좋을 것입니다.

'의탁한다'는 것은 정열의 반대로, 모든 것을 수용하고 맡기는 온화한 마음가짐이지요. 숭고한 노력을 실천하고 여기에 '모든 것을 받아들이는 마음'을 갖추었을 때 노력이 결실로 맺어질 확률은 높아집니다. 즉 올바른 노력은 진심 어린 정열을 가지는 것으로 시작되어, 온 힘을 기울인 뒤엔 정열을 내려놓고 맡기는 것으로 완성됩니다.

그저 무작정 앞으로 나아가기만 한다고 백 퍼센트 결과가 나올 만큼 이 세상은 녹록하지 않습니다. 또한 '자신의 노력으로 모든 걸

해낼 수 있다'고 자신하는 동안에는 노력에 대해 고작 반밖에 이해하지 못합니다. 결과를 맡기는 마음과 숭고한 노력이 적절히 조화를 이뤘을 때에 믿기지 않는 엄청난 힘이 솟아납니다. 자신의 힘으로는 도저히 피해 갈 수 없는 시련이나 역경과 맞닥뜨렸을 때 절대적인 힘을 발휘하는 것이지요.

노력과 결과는 결코 일직선으로 연결되지 않는 '비선형적인 관계'에 있습니다. 그리고 바로 이 점이 노력이 가지는 재미이기도 하고 심오함인 동시에 어려움이기도 하지요.

신념과
완고

노력을 결실로 맺기 위해서는 비전과 미션, 강렬한 목표 설정, 여기에 신념이 더해져야 하지요. 특히 신념은 노력이 결과로 이어지는 즈음에 매우 큰 영향을 미칩니다.

그런데 우리는 때때로 신념을 완고함으로 착각하기도 하지요. 이 둘은 분명 흡사하지만 완전히 다른 것임을 알아야 합니다.

신념이란 영혼의 외침에서 나오는 것이지요. 다른 사람들이 무슨 소리를 하든, 아무리 거센 반대에도 자신이 달성해야만 하는 목표를 향하여 굳건히 나아갈 때 필요한 마음가짐이라 할 수 있습니다. 자신의 작은 세계에 틀어박혀 밖을 보려고 하지 않는, 다른 사람의 의견은 무시해 버리는 독선과는 다르지요. 이는 그저 완고할 따름입니다.

강렬한 신념을 가진 사람일수록 때로는 다른 사람의 조언에 귀를 닫기도 하지요. 그런 의미에서 신념이 강한 사람은 '상식적이지 못하다'는 오해를 받기도 합니다. 그러나 진정 신념 있는 사람은 다른 사람이 미처 깨닫지 못한 시각을 가지고 있어 상식에 사로잡힌 사람들이 못 보는 것을 보고 과감하게 위험을 짊어지기도 하지요. 자신의 내면에 흔들리지 않는 축이 있기에 주위에 휘둘리지 않고 의연할 수 있습니다.

반면 단순히 완고한 사람은 시야가 지극히 좁아서 그 분야에서 성공하기 위한 최소한의 지식이나 경험조차도 없으면서 자기 생각에 고집스럽게 매달립니다. 이 경우에 판단 기준도 달성하고자 하는 대상도 자기중심적으로 생각할 뿐 아니라, 공포감으로 변화를 꺼리고 지금 자신의 사고방식을 유지하려고 합니다. 게다가 열등감으로 똘똘 뭉쳐 자신을 있는 그대로가 아닌, 보다 크게 보이려고 하기에 자연히 겸허함이나 솔직함도 잃고 말지요.

신념 있는 사람은 얼핏 다른 사람들의 의견에 귀를 막은 듯 보이기도 하지만, 뜻밖에도 타인의 의견에 귀를 열고 있습니다. 왜냐하면 변화 따윌 두려워하지 않기 때문이지요. 비록 결심이 달라지지 않았다고 해도 그것은 다른 사람의 의견을 애초에 배제했기 때문이

노력은 외롭지 않아

아니라 열린 마음으로 취사선택한 결과입니다. 그리고 세밀하게 조정하면서도, 전략이나 전술에 오류가 있다면 아주 간단히 방향을 전환하지요. 그러나 중심이 되는 부분은 결코 굽히지 않고 나아갑니다. 마치 버드나무처럼 낭창낭창하여 좀처럼 꺾이지 않지요.

반면 완고한 사람은 변화를 두려워한 나머지 자신을 어떤 틀에 넣고 거기서 한 발자국도 움직이려고 하지 않지요. 타인의 의견을 처음부터 배제하고 벽을 쌓지요. 게다가 유연성도 부족하여 어느 날 갑자기 부러지며 결국엔 결과도 얻지 못합니다. 마치 불순물이 섞인 녹슨 쇠막대기 같다고나 할까요.

신념이 있다면 결과를 달성하기 위해 자기 중심축을 굳건히 유지하면서도 자신을 더 나은 모습으로 변화시키려는 노력도 아끼지 않습니다. 따라서 신념이 있는 사람은 의젓하고 강합니다. 그에 비하면 완고한 사람은 결과를 달성하기 위해 자신을 결코 바꾸려 하지 않지요. 따라서 얼핏 강해 보여도 실은 약하지요. 불평도 많고, 무리를 짓고, 마음속은 타협과 허영심으로 가득하지요.

이처럼 신념과 완고는 얼핏 비슷해 보이지만 그 마음가짐은 전혀 다르다는 것을 이해해야 합니다.

'자신의 중심축을 지니면서도 스스로를 바꾸어 가는 용기와 유연함을 가지는 것.'

바로 이것이 신념이 아닐까요.

그리고 신념과 완고의 결정적인 차이는 어떤 존재에 겸허하게 결과를 맡기는 마음이 있느냐 없느냐의 차이로, 결국에는 그 차이가 운을 불러오는 데 큰 영향을 미치지요.

당신이 지키려는 것은 신념입니까, 완고함입니까?

노력의
타이밍

무슨 일이든 그렇듯이 노력에도 타이밍이 있지요. 그리고 당연히 그 타이밍을 아는 것이 중요합니다.

가장 이해하기 쉬운 예가 운동선수의 경우일 것입니다. 육체가 절정을 지나면 아무리 애써 노력해도 좋은 결과를 얻을 수 없지요. 뇌 활동이 유연하고 활발한 때에 공부나 자격증 취득을 하는 것이 나이 먹은 뒤에 하는 것보다 훨씬 효율적이고 쉽다는 것은 의심의 여지가 없습니다.

나이를 먹을수록 젊은 시절 아무렇지 않게 밤새 일하던 것도 힘들어집니다. 젊은 시절에는 필요하다면 기꺼이 밤새워 일해야 합니다. 물론 악덕 기업의 가혹한 잔업을 권하는 것은 아닙니다.

또한 젊은 시절에는 육체적으로나 정신적으로 우수할 뿐만 아니라, 실패해도 얼마든지 재기할 충분한 시간과 기회가 있습니다. 40대, 50대에도 물론 기회가 없는 것은 아니지요. 하지만 현실적으로 실패했을 경우 그것을 만회할 기회는 단연코 줄어듭니다.

따라서 할 수만 있다면 젊은 시절(10대부터 30대까지, 운동선수라면 10대에서 20대 전반)에 숭고한 노력을 쉬지 않고 시도하는 게 좋습니다. 게다가 젊은 시절에는 고를 수 있는 미래의 선택지도 많아서 꾸준히 노력했음에도 생각처럼 순조롭지 않을 때는 얼마든지 방향을 전환할 수 있지요. 그리고 젊은 시절에 숭고한 노력을 시도했다는 경험은 자신의 힘으로는 어쩔 수 없는 혹독한 시련과 조우했을 때 든든한 힘이 되어 줄 것입니다.

물론 운명이나 숙명의 문제와도 맞물려 있어 꼭 젊은 시절에 고생할 필요가 있다고는 단언할 수 없습니다. 그러나 결국 젊을수록 체력, 기력, 기회, 시간이 많기에 좌절이나 실패를 딛고 재기할 가능성이 높다는 것은 엄연한 사실이지요.

따라서 젊은 시절에 역경이나 힘겨운 시련과 만났다면 '이것이야말로 하늘이 준 기회다', '뭔가 멋진 일이 일어날 징조일지 모른다', '내게만 주어진 특별한 선물'이라고 생각해 보세요.

자신의 힘으로 도저히 피할 수 없는 역경을 딛고 일어서야 한다면, 자신에게만 시련이 부과된 것이니 얼핏 불공평하게 보입니다. 사실, 그 말이 맞습니다. 불공평합니다!

왜냐하면 이 멋진 선물은 누구나 받을 수 있는 것이 아니기 때문이지요. 역경이나 시련과 만났다면 '아, 나는 선택 받았구나!'라고 오히려 기뻐하세요. 숭고한 노력을 지속하다 보면 재기할 기회는 반드시 찾아옵니다. 그러는 동안에 당신은 큰 성장과 성숙을 이뤄 낼 수 있습니다.

물론 젊은 시절뿐 아니라 나이를 먹은 이후에도 당연히 노력은 필요하지요. 왜냐하면 성장은 죽을 때까지 평생 계속되는 것이기 때문입니다.

2장

노력과 운명

노력의 영원한 단짝이자 지독한 숙적

노력하면 운명이나 숙명마저도 바꿀 수 있을까요?

바꿀 수 없다면 애초에 노력할 필요가 없잖아요.

정말로 그럴까요?
피할 수 없는 역경이나 시련 속에서 오히려
노력이 진가를 발휘하는 게 아닐까요?

예기치 못한 역경은 보통의 노력으로는 감당할 수 없어요.
게다가 나만 이토록 괴롭다니, 끝까지 해낼 자신이 없어요.

만일 느닷없이 닥친 역경이나 시련에
특별한 의미가 숨어 있다면요?

운명을
바꿀 수 있나요

내 아들의 투병 생활은 1994년 7월부터 1998년 4월까지 근 3년 10 개월에 이릅니다. 그러나 지금의 나로서는 아주 먼 전생에 겪었던 일로 여겨질 만큼 아득히 먼 과거의 이야기가 되어 버렸습니다. 슬픔 가운데는 세월로밖에는 치유되지 않는(경우에 따라서는 세월로도 치유되지 않지요) 것이 있다는 걸 온몸으로 실감했지요.

가장 고통스러운 일 중 하나로 꼽히는 '자식을 앞세울' 숙명이 애당초 정해져 있었다면, 자식의 죽음은 내가 노력하든 안 하든 이미 정해진 일로서 '찾아올' 테지요. 그리고 아이가 세상을 떠난 뒤에도 노력하든 안 하든 또 다른 숙명이 찾아올 것이기에, 결국 노력하는 것에 대체 무슨 의미가 있는가 하는 근본적인 의문을 가지게 됩니다.

그런데 잘 생각해 보세요. 운명이나 숙명, 인생을 바꾸는 것이 진짜로 불가능할까요? 노력이나 자유의지라는 건 인생에서 무의미하고 전혀 쓸모없는 것일까요? 운명이나 숙명, 자유의지나 노력과의 관계를 과학적으로 증명할 수 있다면 간단하겠지만, 그것이 불가능하다 해도 과거 현자가 남긴 지혜를 통해 많은 것을 배울 수 있습니다.

그렇다면 자유의지나 노력과 운명이나 숙명의 관계는 과연 어떤 것일까요?

나는 '숙명은 노력으로 바꿀 수 없을지 몰라도 운명은 얼마든지 자유의지나 노력으로 바꿀 수 있다'고 생각합니다. 아니, 그렇다고 굳게 믿고 있습니다.

많은 사람들이 숙명과 운명을 거의 동일한 의미로 사용하지만, 여기서 말하는 숙명이라는 것은 '생사, 태어난 곳과 시간, 성별, 피붙이, 이 세상에서의 역할 등 이미 정해진 것'을 가리킵니다. 그에 반해 운명이라는 것은 '태어나서 죽을 때까지 그 사람이 걷는 여정'으로 '숙명을 대하고 받아들이는 태도'로도 해석할 수 있지요. 그리고 이처럼 변화 가능한 운명에 가장 큰 영향을 미치는 것은 자유의지로서의 노력뿐입니다.

결국 운명을 바꾸려는 의도에서 나온 행동이 바로 노력입니다. 그러나 노력으로 바꿀 수 없는 숙명에 대해서도 노력이 전혀 필요하지 않은 것은 아닙니다. '무엇이 숙명인가?' '무엇을 바꿀 수 있는 가?' 이처럼 숙명에 대해 생각하려는 '노력'을 하지 않으면 알 수 없는 것들이 많기 때문이지요. 바꿀 수 없는 숙명을 인정할 때 비로소 자유의지로 무엇을 할 수 있는지, 그리고 자신의 한계가 어디인지를 알게 되지요. 따라서 비록 노력으로 숙명을 바꿀 수는 없어도 자신의 한계를 깨닫고, 자신의 힘만으로 해낼 수 없는 일이 있다는 것을 머리가 아닌 '몸'으로 이해하기 위해서라도 숙명에 도전하려는 노력은 반드시 필요합니다.

노력해도 결과를 얻을 수 있으리라는 보장은 어디에도 없습니다. 그러나 노력 없이 빛나는 미래가 찾아오는 법도 결코 없지요. 여기서 우리가 짚고 넘어가야 할 문제는 노력의 필요 여부가 아닙니다. 노력이 필요하다는 것을 당연한 전제로 삼고, 자신의 노력이 결실을 맺지 못할 때도, 노력하는 가운데 큰 장벽이나 역경에 부딪혔을 때도 끊임없이 노력하기 위해서는 어떻게 하면 좋을지에 대하여 생각하는 것입니다.

노력은 외롭지 않아

역경이
돌연 나를
찾아왔을 때

그렇다면 역경에 처했을 때 우리는 어떻게 대처해야 할까요? 그 역경은 운명일까요? 숙명일까요? 바꿀 수 있는 것일까요? 바꿀 수 없는 것일까요? 어떻게 맞설까요?

노력에 대하여 생각할 때 가장 어려운 부분이기도 합니다. 우리는 과거 경험한 적 없는 역경에 처하면 주눅 들고 운신이 어려워져 공황 상태, 절망감, 무력감에 빠집니다.

2014년 2월 소치 동계올림픽에서 아사다 마오 선수가 보여 준 쇼트 프로그램 직후의 망연자실한 모습이 바로 그런 모습이 아닐까요. 나는 현재 변호사로 일하면서 사진가로서도 활동하고 있습니다.

소치 올림픽을 취재하러 갔을 당시 현장에서 마오 선수를 촬영했는데 그 모습이 지금도 눈에 선합니다.

역경이 클 뿐 아니라 돌연 자신의 눈앞에 나타난 데다 도저히 자신의 힘으로는 어찌할 수 없다면, 그때 느끼는 불합리함은 이루 말할 수 없지요. 일례로, 동일본 대지진 같은 재해가 그렇습니다.

'왜 이런 일이 내게 일어나는가? 왜 이토록 세상은 불공평한가. 신은 존재하지 않는구나. 너무하지 않는가! 내게 더 살아야 할 의미가 있는가.'

그러나 불합리한 역경일수록 거기에는 심오한 의미가 담겨 있음을 알아야 합니다. 그 일은 결코 우연히 당신에게 일어난 것이 아닙니다. 그리고 역경이나 시련에 담긴 진정한 의미를 깨닫고 그것을 극복하는 데 필요한 게 바로 노력이지요.

나는 장애를 가진 자식이 태어날 것이라고는 꿈에서도 상상해본 적이 없습니다. 아이가 태어난 바로 그날 아이와 얼굴을 마주했을 때는 평범한 아기와 다를 바 없었기에, 내 아이에게 장애가 있으리라고는 생각하지 못했습니다. 따라서 아이가 태어난 직후에 의사로부터 '아기의 다리 관절이 경직되고 그 외에도 불안한 증상이 보이니 전문병원에서 자세히 검사를 받는 것이 좋겠다'는 말을 들었을 때는 그 자리에서 정신을 잃고 말았지요.

그 후 질풍노도의 고통이 매일매일 밀려왔지요. 같은 시기에 태어난 다른 아기나 가족들은 얼굴 가득 웃음을 띠고 축복을 받는데, 나는 아들의 장애를 당시 아내에게 털어놓지도 못한 채 한밤중 병원 대합실에서 홀로 망연자실 넋을 놓고 있었지요.

갓 태어난 아들과 구급차에 올라타 불안에 짓이겨질 것 같은 상태로 국립소아병원으로 향하던 날, 국립소아병원의 집중 치료실에서 본 많은 장애아들과 그때의 놀라움과 슬픔, 국립소아병원 의사로부터 '유전자 이상'이라는 말을 들었을 때(사실 오진이었지요), 그후 수개월에 걸쳐 이뤄진 정밀검사로 원인은 알 수 없지만 선천성 다발성 관절 구축증이라는 사실을 알게 되었을 때……

온갖 문헌을 뒤져 건강한 아이로 되돌리기는 힘들다는 것을 알았지만 어떻게든 살아갈 수 있으리라 생각했지요. 그런데 인공호흡기를 달지 않고는 버틸 수 없는 상황이 되었습니다. 태어난 지 5개월째의 일입니다. 그리고 목에 관을 넣을 구멍을 뚫는 수술을 해야 했을 때, 아들의 의식이 회복되지 않으리라는 말을 들었을 때……. 그때마다 나락으로, 나락으로 떨어졌지요.

'어째서 내게 이런 일이 일어나는 걸까?' 나는 항상 도덕적이지는 않았고, 어떤 때는 타인에게 상처 주고 누군가의 가슴을 아프게 했고, 하고 싶은 대로 막 살았던 시절도 있습니다. 그렇다고 이토록 혹독하게 죗값을 치를 필요가 있는 걸까요? 만일 내가 잘못했다면 내가 벌을 받으면 되는데, 왜 이 아이가 그 책임을 짊어져야 하는 것일까요?

그때 내가 할 수 있는 일은 그저 정신을 놓고 멍하니 있는 것뿐이었지요. 가슴에 제대로 충격을 받으니 눈물조차 나오지 않더군요. 그저 멍하니 넋을 잃고 있는 게 고작이었지요. 이런 상황이 일 년 넘게 이어졌습니다. 그러나 의뢰자를 위해 변호사로서 일을 서둘러 진행시켜야 했고, 유학도 가야 했지요. 살아갈 희망도 없이, 아무런 목적도 없이 살아가는 일은 결코 간단하지 않다는 것을 뼈저리게 느꼈습니다. 자포자기의 심정이 되었던 적이 한두 번이 아닙니다.

아들은 걷기는커녕 숨조차 자력으로 쉬지 못합니다. 게다가 평생 병원에서 나갈 수도 없고 또렷한 의식도 갖지 못한 채 침대에서 지내야만 하지요. 그런 인생에 대체 무슨 의미가 있는 걸까요? 살아 있을 의미 따윈 없는 게 아닐까요? 그리고 그런 아이를 이 세상에 태어나게 한 내게는 어떤 가치가 있는 것일까요?

세상에 아무런 기여도 할 수 없는 아이를 둔 내가 부끄러웠습니다. 자기중심적인 생각이지만, 당시의 나는 그 정도의 인간이었지요.

역경에 담긴 특별한 의미

그런데 어느 날 한 권의 책을 읽게 되었습니다. 그리고 비로소 나의 사고방식이 '근본적'으로 잘못되었다는 걸 깨달았지요.

《사는 보람의 창조》(이이다 후미히코 지음)를 읽고, 인생은 영혼의 성장을 위한 것임을 알게 되었습니다. 그런데 어린 나이에 세상을 떠나거나 중한 장애를 가지고 태어나는 사람은, 자신의 영혼을 성장시키기 위해서가 아니라 주변 사람을 성장시킨다는 숭고한 목적을 가지고 태어난다는 것도 알았지요. 그들이 매우 깊은 의미와 사명을 가지고 이 세상에 왔다는 것을.

이런 식으로 생각할 수도 있구나! 그때의 충격을 지금도 잊을 수 없습니다. 말 그대로 180도 다른 시점, 인생관으로 바뀐 순간이었지요. 그때까지 내가 갖고 있던 가치관을 송두리째 무너뜨렸다고 해도 과언이 아닙니다.

'그랬구나! 이 아이는 나를 성장시키기 위해 일부러 내게 와줬구나. 이건 우연이 아닌 필연이다. 터무니없이 벌어진 일이 아니었어. 이제 남은 문제는 내가 성장하느냐 마느냐로, 온전히 내게 달렸구나.'

이 생각에 이르자 내게 벌어진 일련의 일들이 납득되는 동시에 살아갈 희망이 용솟음쳤습니다. 그 후 나의 인생관은 물론 행동도 완전히 변했지요. '아이가 태어나 준 것에 감사하고, 그 생명이 헛되지 않도록 나의 성장을 이루고 아이의 몫까지 살아 내는 것이 나의 사명'이라고 생각했습니다.

말로 하기는 쉽지요. 하지만 정신을 차리고 다시 일어선 건 아이가 태어나고 10년이라는 세월이 지나서입니다. 실로 오랜 세월이 필요했지요. 과거를 원망하는 일도 더 이상 하지 않게 되었습니다. 지금까지의 모든 만남과 이별, 행동이 의미 있는 것이며 필연이었다는 것을 깨달았기 때문이지요. 원망은커녕 오히려 고마워해야 하지요. 적어도 그렇게 생각해야 한다고 믿게 되었습니다.

아이가 세상을 떠난 뒤 이혼했고, 다시 유학길에 올랐고, 재혼하는…… 수많은 일이 나를 찾아왔지만 그 시간들이 오늘의 나를 만들었습니다. 여전히 배워야 할 것도 많고 앞으로도 끊임없이 성장해 가야 하지만, 앞서 세상을 떠난 아들은 내가 강하게 성장할 기회를 안겨 주었습니다. 물론 그 외에 갑자기 찾아온 다른 시련들도 나를 강하게 만들어 주었습니다. 그 아이가 태어나지 않았다면, 오늘날의 나는 절대 있을 수 없지요.

지금 역경이나 시련을 겪고 있는 사람은 처해 있는 상황이 혹독할수록, 말도 안 되는 시련일수록 그것이 깊은 의미를 담고 있음을 모쪼록 기억해 주길 바랍니다. 그 의미를 깨달을 수 있는 힌트는 반드시 어딘가에 감춰져 있습니다. 그리고 역경이나 시련을 딛고 일어서려는 노력은 자신의 큰 성장으로 이어집니다. 뼈를 깎는 혹독한 역경이나 시련이야말로 '빛나는 미래로 가는 첫걸음'인 셈이지요. 단, 그때 실행해야 할 노력의 질, 타이밍, 방향성이 그릇되지 않도록 재차 확인해야 합니다.

노력할 수 없는
사람의
존재 이유

역경과 관련하여 덧붙이고 싶은 말이 있습니다.

나의 아들은 나를 성장시키기 위해 태어났다고 했는데, 그것이 사실인지 아닌지는 아무도 모릅니다. 그러나 그렇게 생각했을 때, 나는 기나긴 암흑 속에서 한 줄기 빛을 보았습니다. 희망이 솟았지요. 그리고 비로소 자신을 질타하고 격려할 수 있었습니다.

그렇다면 과연 그 아이 자신에게는 의미 있는 인생이었을까요? 아이에게는 탄생 자체가 힘겨운 시련이었을 테지요. 하물며 거의 의식이 없는 상태라 애당초 노력 따위는 가능하지도 않았지요. 1급 장애아로서 온종일 침대에 누워 있을 뿐입니다. 사람들의 보살핌 없이는 살아갈 수 없지요. '태어나서 죽을 때까지' 모든 게 역경이자 시련입니다. 대체 그런 인생에 무슨 의미가 있는 걸까요?

그런 아들의 머리를 쓰다듬으며 어느 날 한 간호사가 이런 말을 했지요. "야간 근무를 할 때는 저희도 육체적으로 정신적으로 참 힘든 일이 많지요. 기운 빠지는 일도 적지 않은데, 이 아이를 보러 올 때는 왠지 치유 받는 느낌이에요. 아이의 얼굴이 참 평온해요."

그 말에 나는 불현듯 깨달았습니다. 많은 장애아들을 돌보는 일은 힘들겠지요. 큰 병실에 있는 아이 절반이 하루 종일 인공호흡기를 달고 지내고, 아니면 중한 심장병을 앓기도 하고요. 얼핏 건강해 보여도 어떤 장애가 있어 병원에 입원했을 테지요. 젖먹이는 그렇다 치고 한창 놀고 싶어 하는 대여섯 살 난 아이는 지루한 병원 생활에 극심한 스트레스를 받을 것입니다. 여기에 면회 시간이 지나 부모와 헤어지려고 할 때 보이는 아이들의 슬픈 얼굴은 지금도 그 어떤 말로도 형용할 수 없습니다. 그 반동으로 갖가지 응석을 부리고 떼를 쓰는 일이 벌어지지요.

한시도 눈을 뗄 수 없는 가운데, 아이들의 억지나 떼도 들어줘야만 하는 간호사들은 말도 못할 만큼 힘든 일을 하고 있는 것이지요. 나는 미처 몰랐지만 그런 그녀들에게 나의 아들이 조금이나마 위안이 되었던 것이지요. 아이는 의식이 없기에 당연히 말도 하지 못합니다. 몇 시간마다 엄습하는 격렬한 경련이나 축축한 기저귀 때문에

　　　　　　　　　　　　　　　　노력은 외롭지 않아

우는 게 고작이었지요. 그러나 말도 못하고 움직이지도 못한다는 건 달리 말해, 억지를 부릴 수도 없고 떼를 쓸 수도 없다는 것이지요. 의식이 없으니 누구를 미워하거나 질투하지도 않아 얼굴은 늘 온화하고 순진무구합니다.

세상의 모든 슬픔과 미움을 없애면 아마 이처럼 건강한 얼굴이 될 것이라고, 당시의 나도 생각한 적이 있습니다. 그런 아이의 얼굴을 보면서 간호사도 왠지 모르게 마음의 안정을 찾았던 것이겠지요. 그저 나를 위로하기 위해 간호사가 한 말일지도 모르지만, 속마음과 크게 다르지 않을 것이라 생각합니다.

그 따스한 배려에 깊이 감사하는 동시에, 나는 그때 아이의 존재 의의를 깨닫게 되었습니다. 노력조차 할 수 없는 사람은 오히려 그 점 때문에 심오한 의미를 지닌다는 것을요. 이른 나이에 일찍 세상을 떠나는 사람에게는 '특별'한 존재 의의가 있는 것이지요. 스스로 노력하여 운명을 개척해 갈 수 없어도 자기 주변 사람들에게 깨우침을 주는, 자신이 아니라 타인의 성장을 위해 태어난다는 숭고한 목적이 있는 것이지요.

뒤집어 생각하면, 적어도 물리적으로 노력할 수 있는 사람, 남겨진 사람, 오체 만족으로 사는 우리는 그것에 감사하며 노력을 게을리해선 안 된다는 말이지요. 그것이 사람마다의 역할이고, 산다는 건 그저 권리가 아니라 온갖 숙명을 짊어진 가운데 온 힘을 다하는 것임을 깨닫게 됩니다.

가족이나 친구를 비롯한 주변 사람 중에 노력조차 할 수 없는 힘겨운 인생을 살아가는 사람이나 일찍 사랑하는 사람의 곁을 떠나가려는 사람이 있다면, 그 사람에게서 많은 것을 배워 보세요. 그 사람은 틀림없이 우리에게 깨달음과 힘을 안겨 주기 위해 이곳으로 온 것일 테니까요.

그리고 또 한 가지 중요한 것이 있습니다. 지진이나 화재, 교통사고로 돌연 누군가와 이별하게 되면 자기 자신을 책망하게 마련이지요. '나 때문에 이런 일이 벌어졌어.' '내가 원인을 만들었어.' '이렇게 했더라면 더 좋았을 것을…….'

이때 온몸, 온 마음을 다해 그 고통에 몸부림쳐 보는 일도 꼭 필요합니다. 그러나 결코 잊어서는 안 되는 것은, 그 같은 후회나 자책은 이미 벌어진 일의 의미를 깨닫는 순간 미래로 나아갈 힘으로 바뀐다는 사실입니다. 중요한 것은, 자신에게 닥친 역경이나 시련을 한탄하고 자책하는 게 아니라 거기에 숨겨진 의미를 이해하고 미래를 위해 그 의미를 살리는 것이지요. 과거를 바꿀 수는 없지만, 미래는 얼마든지 달라질 수 있으니까요.

노력할 수 있다는 행운

무조건 아이가 하자는 대로 마음껏 하게 한다면 버릇이 없어져 제대로 된 어른으로 성장하지 못합니다. 간식이나 장난감 쟁탈전을 비롯하여 형제나 친구들과 나누고, 양보하고, 자기주장을 하는 일련의 과정을 거쳐 자신의 뜻을 전하는 법을 익히고, 유치원·초등학교 저학년 시기를 공동체 안에서 지내면서 비로소 훌륭한 어른이 되는 토대가 다져지지요. 물론 이것은 어른이 된 이후에도 크게 다르지 않습니다.

인생을 살아가는 가운데 한 번도 좌절하지 않는 사람은 없습니다. 오히려 수많은 좌절을 겪고 혹독한 역경도 헤쳐 나온 사람이 진정 강하지요. 그리고 어째서 이런 좌절이나 역경이 찾아왔는지 납득이 되지 않을수록, 운명이나 숙명에 휘둘릴수록 그 사람의 진가를 제대로 볼 수 있지요. 이때 자신의 근성을 제대로 발휘할 수 있는 것입니다. 생각대로 되지 않는 일에 매달려 얼마나 싸웠는지, 그것으로 그 사람이 얼마나 큰지, 강한지, 뛰어난지 결정되지요.

앞에서도 말했지만, 역경이나 시련은 숙명과 깊은 관련이 있습니다. 숙명과 싸워도 이기기 힘들지만 오히려 만신창이가 될 만큼 처절하게 싸웠기에 자신이 어떤 일을 할 수 있는지, 자신의 한계는 어디인지를 알 수 있지요. 그리고 비로소 이 세상에서 자신이 맡아야 할 사명이 무엇인지 깨닫게 되지요.

더욱이 역경이나 시련은 운명을 바꿀 절호의 기회를 가져다주기
도 합니다. 가혹한 역경이나 부당한 운명에 노력으로 맞서는 것이
지요. 이런 노력이 이어지다 보면, 운명도 바뀝니다. 넘어지고 넘어
져도 노력을 통해 일어설 힘을 얻을 때, 흔히들 말하는 큰 성장을 이
루게 되지요. 운명이나 숙명에 농락당하는 것처럼 보이지만, 그것을
넘어 인생을 내 것으로 만들고 극복해 가는 것이 노력이라는 행동입
니다.

어떤 사람이라도 반드시 누군가를 행복하게 하고 있습니까?

그래. 반드시 행복하게 하고 있어.

그렇다면 이 세상에 존재 이유가 없는 사람은 없는 것일까요?

아무도 없어…… 살아 있다면 그것이 사랑의 증명이다.

《사는 보람의 창조》(이이다 후미히코 지음) 중에서

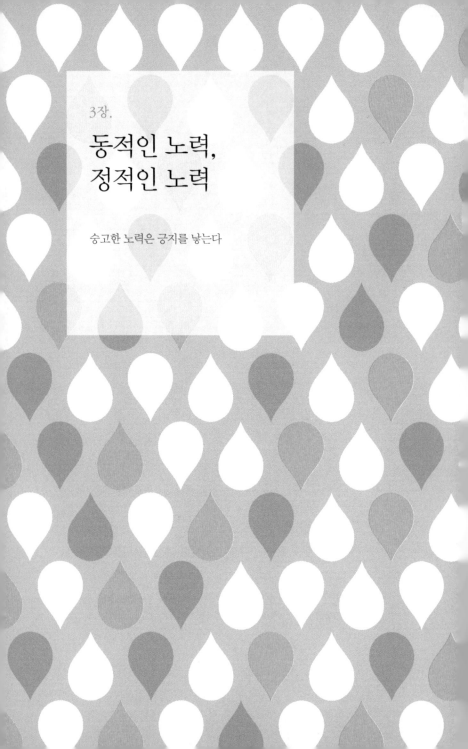

3장.

동적인 노력,
정적인 노력

숭고한 노력은 긍지를 낳는다

노력이 반드시 보상 받는 것은 아니지요.

보상 받지도 못하는 일에 매달리다니 허무하지 않나요…….

비록 결과가 따르지 않아도 숭고한 노력은 헛되지 않지요.

열심히 해도 결과를 얻지 못한다면 싸움에 진 개 꼴이 아닌가요?
좌절감만이 남을 뿐이죠.

잔뜩 주눅 들었을 때가 미래를 향해 나아갈 바로 그때입니다.
그때 기울인 숭고한 노력은 '긍지'를 낳지요.

보상 받지 못해도,
재능이 없어도

올림픽 등 스포츠 경기에서는 늘 희비가 엇갈립니다. 각고의 노력 끝에 메달을 따 감동을 안겨 주는 선수들이 있는가 하면, 메달을 땄으면 하고 기대했지만 간발의 차이로 탈락하거나 허무하게 실수를 범해 안타까움을 자아내는 선수들도 있지요. 그렇다면 메달을 손에 넣지 못한 선수들의 노력은 결국 무의미한 게 되고 마는 걸까요?

스피드 스케이팅에서 메달을 놓친 나가시마 케이치로 선수는 이런 말을 했습니다. "올림픽에 세 번이나 출전하여 금메달을 따지 못한 것은 재능이 없어서다." 자신을 고무시키기 위해 한 말일 테지만, 액면 그대로 받아들이기에는 다소 저항감이 느껴집니다. 그러나 적어도 진실을 담고 있지요.

결국 아무리 노력해도 재능이 없다면 우승할 수 없다(금메달을 따지 못한다)는 말은 잔혹하지만, 냉혹한 승부를 겨루거나 경쟁률이 높은 시험에 도전해 본 사람이라면 절로 고개가 끄덕여지는 말이 아닐까요? 현실적으로 3위와 4위 사이엔 보이지 않는 벽이 놓여 있는데, 1위와 2위(우승과 준우승) 사이에도 큰 벽이 있습니다. 이것은 분명한 사실이지요. 잔혹하지만 승부의 세계에 몸담고 있는 사람이라면 그 의미를 충분히 알 것입니다.

유감이지만 재능은 모든 사람에게 평등하게 주어지지 않습니다. 그렇다면 메달을 획득한 선수와 그렇지 못한 선수의 노력에는 과연 어떤 의미가 있는 것일까요? 노력이 가지는 의미를 생각할 때, 재능과 노력의 관계를 이해하는 것만큼 중요한 것도 없지요. 그것에 대하여 좀 더 깊이 생각해 보지요.

메달보다 값진 긍지

2014년 2월 18일자 닛케이 신문에 유도 은메달리스트이자 현재 치쿠바 대학 대학원의 준교수 야마구치 가오루 씨의 말이 실렸습니다.

'해외의 선수들은 생활을 위해 월드컵에서 싸우지만, 우리는 인

생을 걸고 올림픽에서 싸운다.'

앞에서도 언급한 스키점프의 가사이 노리아키 선수는 올림픽에 일곱 번이나 출전하였기에 28년간 메달을 따기 위해 싸워 온 셈이 됩니다. 모굴스키의 우에무라 아이코 선수도 1998년 나가노 올림픽부터 16년간 메달에 도전했습니다. 그동안 세계선수권 대회에서 우승하기도 했지만 올림픽에서는 수차례 좌절을 맛봐야 했지요.

신문이나 텔레비전을 보면 가사이 노리아키 선수는 가정의 불행과도 싸웠습니다. 우에무라 아이코 선수도 밴쿠버 올림픽에서 메달을 놓치고 '왜 한 단씩밖에 오르지 않는 것일까'라며 눈물을 보였지요. 그 분함, 안타까움, 좌절감은 필설로는 다 표현할 수 없을 테지요. 그럼에도 불구하고 오로지 목표를 향해 조금씩, 조금씩 나아가고 간혹 잠시 휴식하면서 포기하지 않고 목표를 향해 노력함으로써 역경을 극복해 갑니다.

자기계발 분야의 세계적인 권위자인 루 타이스가 케냐의 장거리 육상선수의 코치를 맡았을 때 '모든 것은 마인드에서 시작되어 현실 세계로 퍼져 나간다'고 말했지요. 우리는 자신이 가지고 있는 것 이상을 남에게 줄 수 없습니다.

우리가 올림픽에 참가한 선수들의 모습에 감동하는 것은 변명 한마디 하지 않고 자신의 인생을 걸고 한계에 도전하기 때문이지요. 그런 모습에 "힘내라!"라고 소리쳐 응원하고 싶고, 온 힘을 다해 언어 낸 결과에 "잘했습니다. 정말로 감동했습니다. 고맙습니다"라고 말하고 싶어지지요.

나는 변호사이자 사진가로 활동하고 있습니다. 그런 이유로 소치 올림픽뿐 아니라 그보다 4년 전에 있었던 밴쿠버 올림픽에서도 모굴스키 시합을 촬영했지요. 우에무라 아이코 선수는 똑같은 4위라도 이번 시합의 내용이 훨씬 좋았다며 자신의 소감을 밝혔습니다. 도망치지 않고 적극적이고 용감하게 도전했기에 가능한 일이었지요. 우에무라 아이코 선수가 자신의 경기 내용을 두고 '성취감 만점'이라고 말했듯이, 최선을 다하는 경기를 보여 주지 않았다면 4위에 그친 선수를 사람들이 이토록 이구동성으로 칭찬하고 감동하지는 않았을 테지요.

숭고한 노력을 한 결과로서 그들이 얻은 것은 좌절이 아니라 자신에 대한 '긍지'였습니다. 그렇기 때문에 우에무라 아이코 선수는 은퇴식에서 웃는 얼굴로 이렇게 말할 수 있었지요.

"모든 것을 끝내고 가장 먼저 눈물이 흘렀습니다. 좋은 경기를 하면 기쁨의 눈물이 나온다는 걸 비로소 알았습니다."

물론 메달을 따는 게 당연히 좋지요. 그것이 금색이라면 분명 더 좋지요. 시험은 합격하지 않으면 의미가 없지요. 회사에서도 출세하는 게 안 하는 것보다 낫지요. 그러나 우리는 제각기 다른 재능을 가지고 자신의 운명, 숙명을 짊어지는 가운데 살아갑니다. 숭고한 노력을 하고 그 결과 가령 목표인 메달을 따지 못했다 해도 스스로 긍지를 가질 만큼 끊임없이 노력했다는 것은 '훈장'이 됩니다.

바로 거기에 노력의 진정한 의미가 있는 것이지요.

노력은 외롭지 않아

정면 도전이
선사하는 자긍심

노력한다고 꼭 보상 받을 만큼 이 세상은 그리 녹록하지 않습니다. 올림픽에서 받을 수 있는 메달은 단 세 종류뿐입니다. 시험에도 당연히 틀이 있고, 합격하기 어려운 시험일수록 떨어지는 사람이 압도적으로 많은 법이지요.

어떤 사람은 이 같은 상황을 객관적으로 보고 '어차피 해봤자 안될 것'이라며 처음부터 도전조차 하지 않고 노력도 하지 않지요. 내가 27년 전에 사법고시를 치렀을 때의 합격률은 2퍼센트도 되지 않았습니다. 100명 중 98명이 떨어질 만큼 엄청나게 어려운 시험이었습니다. 그 때문에 내 주변 사람들도 '무작정 시험에 매달리기 싫다',

'떨어질 게 빤한데 내 시간을 허투루 쓰고 싶지 않다'며 도전조차 하지 않았지요. 최근엔 '상처 받기 싫다'는 이유로 이성과 깊이 사귀지 않는 경향도 있다고 하더군요.

그러나 정말로 중요한 것은 사법시험에 합격하고 연애가 결실을 맺는 게 아니지요. 중요한 것은 인생이나 난관에서 도망치지 않는 것입니다. 도전하지 않고 우리는 성장이나 진화를 이뤄 낼 수 없습니다. 자신을 편한 곳에 두고 변명과 핑계만 늘어놓으며 살다 보면 나이가 들수록 한심한 어른이 되어 버리지요. 그리고 실패만 하는 인생을 살아가게 되지요.

노력의 결과로 아무것도 얻지 못해도 '성취감 만점'의 인생을 보낸다면 그러한 경험들이 인생의 다음 무대에서 혹은 미래에 당신에게 든든한 힘이 되어 줄 것입니다. 한 걸음 내딛기, 도망치지 않기, 더 이상 할 수 없을 때까지 노력하기, 그리고 그 후에 나온 결과를 흔쾌히 받아들이기. 그때 비로소 새로운 인생이 열릴 것입니다.

산산이 부서진 곳에서 비로소 시작된다

코칭의 세계에서는 셀프 에스팀self-esteem의 중요성이 강조되고 있습니다. 일반적으로 '자존감', '자부심'이라 불리는 것인데, 코치의 대가 루 타이스는 'Yes, I am good'이라는 마음 상태라고 표현합니다. 자신의 존재 의의를 이해하고 긍지를 가지는 것이지요.

그러나 '자부심'은 자칫 한 걸음만 잘못 내디뎌도 '자만심', '교만'으로 이어지기 쉽습니다. 앞에서도 말했듯 노력과 결과는 일직선으로 연결되어 있지 않지요. 아무리 노력해도 결실을 맺지 못하는 경우가 있습니다. 시련은 느닷없이 닥쳐오지요. 한 걸음만 더 가면 되는데 갑자기 영광이 멀어져 가지요. 어떤 의미에서, 우리의 하루하루는 생각대로 되지 않는 일투성이입니다. 게다가 목표가 클수록, 바람이 강할수록, 자신할수록, 주위의 기대가 클수록 목표가 이뤄지지 않았을 때의 충격은 이루 다 말할 수 없지요.

그때 자부심은 산산이 부서져 망연자실하게 됩니다. 그러나 정말 중요한 건 바로 이 시점입니다. 마음이 꺾인 이때가 바로 '진정한 출발점'인 것이지요. 그곳에서 분연히 일어나 시행착오를 반복하며 긍지, 자부심은 조금씩 회복돼 갑니다. 이른바 자부심을 상위 단계로 끌어올리는 것이지요. 그리고 마지막엔 결과가 나오든 나오지 않든 최고의 '자긍심'이 싹틉니다.

처음에는 언제 무너질지 모르는 모래 위에 세워진 자존심일지라도 좋습니다. 그것이 꿈이든 편견이든 없는 것보다는 훨씬 낫지요. 그러나 어느 시점에서는 그것을 한층 진화시켜 교만해지지 않는 '단련된 자부심이나 긍지'로 바꿔 가는 게 중요합니다.

정적인
노력으로
참고 견디다

우리는 살아가는 동안 반드시 벽에 부딪힙니다. 사람에 따라 그 벽의 높이는 다릅니다. 벽과 맞닥뜨리는 연령이나 타이밍에 따라서 그 강도도 다르지요. 많은 사람이 정신적으로 육체적으로 '더 이상은 무리다. 다시는 일어설 수 없다'고 생각하는 일생일대의 위기와 맞닥뜨리기도 하지요. 그때 어떻게 하면 좋을까요?

동일본 대지진처럼 어느 날 돌연 팔다리나 시각을 잃고 혈육이나 친구와 헤어져야 하거나 암이나 난치병 같은 혹독한 시련이 찾아왔을 때, 우리는 어떻게 해야 할까요? 그런 고난이 살아갈 희망마저 앗아 갈 만큼 힘겨운 것은 단순히 가혹하기 때문만은 아닙니다. 까

닭 없이 갑작스럽게 찾아온 탓이지요. 어떤 조짐도 없이 어느 날 갑자기 닥치지요.

나는 중·고등학교 시절에 가정이 풍비박산 났습니다. 아버지가 경영하던 회사가 도산했고, 병에 걸려 수술과 휴학을 잇달아 했으며, 간신히 극복하여 순풍에 돛 단 듯 순조로운 생활이 이어질 즈음 돌연 중증 장애아를 낳았지요. 힘들다고 불평하며 울 수 있는 것도 어떤 의미에서는 아직 시작에 불과합니다. 정말로 터무니없이 찾아온 시련 앞에서는 분노도 슬픔도 터뜨릴 수 없지요. 희로애락이라는 감정을 표현할 수 없습니다. 이럴 때 과연 노력만으로 극복해 나갈 수 있을까요?

도망치기만 해도 끝내 역경을 극복할 수 없지요. 따라서 시련과 정면으로 맞서야 합니다. 하지만 '동적'인 노력만으로는 극복할 수 없습니다. 더불어 흐름에 거스르지 않는 '정적'인 노력을 해야 합니다. 이 점에 대하여 좀 더 이야기해 보지요.

정적인 노력이란?

노력에는 두 종류가 있습니다. 하나는 역경에도 끄떡하지 않고 적극적이고 과감하게 정면으로 맞서는 노력입니다. 그리고 또 하나는 폭풍이나 격류 속에서 오로지 참고 견디는 노력이지요. 전자는 '동적'인 노력이고, 후자는 '정적'인 노력입니다. '정적'인 노력에 대하여 좀 더 구체적으로 이야기해 보지요.

'정적'인 노력이란, 간단히 설명하자면 '흐름에 거스르지 않는' 것입니다. 역경이나 가혹한 시련이 찾아왔을 때 무작정 돌진하는 것은 급류를 거슬러 오르는 것이요. 노력하면 할수록 일이 잘 풀리지 않습니다. 그대로 있다가는 분명 급류에 휘말려 익사하고 말겠지요. 그때는 격류에 휘말려 떠내려가지 않도록 바위를 단단히 움켜잡고 '오로지 참고 견디는' 노력을 해야 하지요. 정면으로 시련을 받아들이면서도 도망치지 않고 제자리를 지킵니다. 그러나 무의미하게 오로지 인내하는 것과는 다릅니다.

왜 자신에게 이런 일이 일어나는지 납득할 수 없는 시련과 맞닥뜨렸을 때는, 그 자리에서 섣불리 결론 내거나 행동하지 않고, 오히려 그 시련을 온몸으로 슬퍼하고 괴로워하는 것이 중요합니다. 그 자리에 멈춰 웅크리고 아파하는 거지요.

최악의 시련이 찾아왔을 때, 우리는 쉽사리 일어서지 못합니다. 왜냐하면 '현실을 직시하고 싶지 않다'는 심리가 작동하여 무슨 일이 일어났는지조차 이해하지 못하지요. 아니, 이해하기 싫은 것입니다. 망연자실, 완전히 얼이 빠진 상태가 됩니다. 시간이 흐르면 이번에는 '왜 이런 일이 일어났지? 무엇이 좋지 않았던 걸까? 왜 나만?

노력은 외롭지 않아

어째서, 왜……?'라는 답도 없는 의문에 갇혀 뫼비우스의 띠와 같은 사고회로 속을 끝없이 방황하게 되지요. 물론 그래도 상관없습니다. '어쩌면 좋지?' 오늘도 내일도 이 생각 속에서 충분히 괴로워하세요. 울고 싶으면 우세요. 슬플 때는 슬퍼하고 괴로울 때는 괴로워하며 발버둥 치세요. 마음껏 말이지요.

나는 이 모든 행동이 흐름에 거스르지 않는 것이라 생각합니다. 물론 '거스르지 않는다고 해결되는 것은 없다. 따라서 노력으로 볼 수 없다'고 말하는 사람도 있을 테지요. 그런데 이것 또한 노력의 한 가지 방법이라 생각해 보면 어떨까요? 시련에 몸부림치면서도 견디는 행동을 노력이라는 귀중한 행위로 보고 긍정적으로 이해하는 것입니다. 시련을 견디는 일은 최종 도착점을 향하여 갈 때 경험해야만 하는 하나의 통과점으로, 이것이야말로 훌륭한 노력이지요.

'그렇게 참기만 하다가는 우울병에 걸려 건강을 해치고 말 것이다', '그것은 노력이라기보다는 단순한 자학에 지나지 않는다'며 비난하는 사람도 있겠지요. 본디 효과를 기대하기 힘든 행동이라 노하우로 보기 어렵다면서요. 그러나 정말로 가혹한 시련과 맞닥뜨리고 극한에까지 내몰려 '더 이상은 무리다. 이젠 끝장'이라는 밑바닥을 경험하지 않고는 마음 깊은 곳에서 재기를 위한 용기나 희망이 쉽사리 우러나지 않습니다. 물론 모든 사람이 그렇지는 않겠지만, 나는 그랬지요.

과거 위인 중에도 그런 사람이 있었습니다. 석가모니가 그랬지요. 자신의 방황과 불안을 날려 버리기 위하여 가족을 비롯하여 모든 걸 버리고 6년간의 고행을 거쳐 마지막에는 목숨마저 위태로운 상황에서 겨우 깨달음을 얻었지요. 그것은 극한을 경험하였기에 도달할 수 있었던 경지입니다.

물론 요령 있는 사람이나 전환이 빠른 사람은 굳이 극한까지 가보지 않아도 됩니다. 본디 극한까지 이르러 고통을 맛보는 게 목적은 아니니까요. 사람은 제각기 다르기 때문에 '바닥까지 내려가 봐야 한다'고 주장한들 의미가 없지요. 그래도 나처럼 요령 없는 사람이나 몸소 납득하지 않고는 움직이지 못하는 사람은 가혹한 시련에 맞닥뜨렸을 때 보다 긍정적인 자세로 우직하게 생각하고 고통을 겪어 보는 것이 어떨까요? 어찌하면 좋을지 모른다면 일단 그것을 받아들이고, 여기서 더 나아가 자신이 무엇을 할 수 있는지 생각하고 역경과 시련을 즐기는 여유를 가져 보는 것이지요. 이를 테면, '아, 나란 인간의 인생은 마치 제트코스터 같구나', '또다시 난제가 주어졌다. 이번에는 어떻게 극복할까' 하고 말이지요.

'그건 내게는 무리다. 조금도 위로가 되지 않는다'고 말하는 사람에게 분명히 말해 주고 싶습니다.

"우울병에 걸려도 좋습니다. 몸이 상해도 괜찮습니다. 1, 2년 아니 3년쯤 다른 사람보다 뒤처진들 어떻습니까?"

나도 중학교 시절부터 고등학교 시절까지 가정이 붕괴되고 가업이 도산하고 가슴 아픈 실연을 당하는 등 불행을 잇달아 겪었고, 고등학생 때는 건강을 잃고 궤양성 대장염이라는 병에 걸렸지요. 고등학교 3학년 때는 출석수도 간당간당했지요. 그리고 어렵사리 대학 입시를 치르고 입학한 직후에는 수술하기 위해 1년간 학교를 휴학하는 처지가 되었지요.

이때 나에게 '마음고생 하지 마라, 건강이 최고다'라고 조언해 주어도 의미가 없었을 것입니다. 적절히 잘 대처하려고 해도 생각처럼 되지 않습니다. 따라서 지금 내 곁에 시련을 겪는 사람이 있다면, 쉽사리 위로의 말을 건네지는 않을 것입니다. 단, 이런 조언을 들려줄 것입니다.

"마음껏 괴로워하세요. 부처님도 괴로워했는데, 평범한 우리가 괴로운 건 당연한 일입니다. 자신을 가지고 당당히 괴롭자고요. 그러면 그 너머에 기필코 빛나는 미래가 기다리고 있습니다!"

오로지
견디는 것에
숨은 뜻

'정적'인 노력을 꾸준히 이어 가면 어느 날 안개가 말끔히 걷히는 순간이 찾아오지요. 생각에 생각을 거듭하고 고통에 몸부림치는 것만으로도 우리의 정신은 지칠 대로 지치고 맙니다. 그렇게 머릿속으로 생각한다는 것 자체로도 힘들어 모든 걸 포기하고 싶어집니다. 그러나 때론 불현듯 무無의 경지에 들어서 보이지 않던 힌트나 나아갈 길이 보이기도 하지요.

고통에 몸부림치는 데도 체력과 기력이 필요한데 잔뜩 힘이 들어간 상태에서는 비록 눈으로 보면서도 알아차리지 못합니다. 온 힘을 다하여 에너지가 바닥이 났을 때, 어떤 의미에서 뇌가 릴렉스 상

노력은 외롭지 않아

태가 되어 생각지 못한 만남, 일, 기회를 깨닫게 해줍니다.

옛날 《거인의 별》이라는 야구 만화가 있었지요. 초등학교 저학년 때 텔레비전 앞에서 이 만화의 애니메이션을 열심히 본 기억이 있습니다. 1960~70년대 고도 성장기에 인기리에 방영된 애니메이션으로, 1980년대 거품경제 시절에는 개그의 소재가 되기도 했지요. 그런데 최근 인도에서 리메이크 되면서 재평가를 받고 있습니다.

이 만화 속 주인공인 호시 휴마가 역경에 처해 이러지도 저러지도 못하고 자포자기에 빠졌을 때, 그가 짝사랑하던 교코가 사몬 호사쿠(호시 휴마의 라이벌)에게 사과를 던지는 모습을 보게 되지요. 그때 사몬은 그 사과를 받지 못합니다. 교코는 어떤 사정으로 손가락을 잃었는데, 그런 그녀가 사과를 쥐는 방식(손가락 사용법)이 독특한 회전을 낳는다는 사실을 호시 휴마는 순간적으로 알아차립니다. 그리고 그는 새로운 투구법을 탄생시킵니다.

이처럼 도망치지 않고 몸부림치며 '더 이상은 버틸 수 없다'고 생각했을 때 마치 번개에 맞은 듯 번뜩! 하고 무언가를 깨닫지요.

나는 고등학교 시절에 '더 이상은 무리'라는 생각으로 머릿속이 가득했을 때, 학교 도서관에서 우연히 한 권의 책과 만났습니다. 그 만남은 나의 모든 것을 바꿔 놓았지요. 그리고 고난의 밑바닥에서 기어 올라올 기력과 용기를 얻었습니다. 그 만남이 없었더라면 어쩌면 나는 죽음을 선택했을지도 모릅니다. 나는 시련을 겪으면서도 도망치지 않고, 또한 흐름에 거스르지도 않았습니다. 그러자 어느 날 돌연 안개가 걷히는 순간이 찾아왔고 기회를 잡을 수 있었습니다.

역경이나 시련에 처했을 때는 '비효율', '비생산성'이야말로 중요한 의미를 가집니다. 일을 하는 데 있어 효율은 매우 중요하지요. 그러나 역경 속에서는 비효율과 비생산성이 중요해집니다. 거기에는 부활을 위한 기회, 보물이 감춰져 있기 때문이지요. 사실 보물을 찾아내는 노하우는 없습니다. 원래 노하우나 재능으로 쉽사리 극복해낼 수 있는 건 역경도 시련도 아닐 테니까요.

'비효율', '비합리', '비생산성'이 마냥 이어진다면 다들 '바보나 하는 짓'이라며 놀림거리로 삼을 것입니다. 하지만 이보다 더 어리석은 사람은 늘 '효율', '합리성', '생산성'을 추구하는 자일지 모릅니다. 그런 사람은 아마 젊은 사람의 눈에도 인생의 깊이라고는 찾아볼 수 없는 한심한 어른일 게 분명합니다. 어린 왕자가 말했듯이 중요한 것은 눈에 보이지 않지요. 그것은 효율, 합리성, 생산성만으로는 찾아낼 수 없습니다.

정면에서 그리고 우직하게 고난이나 시련에 맞서야 합니다. 그러면 다소 시간이 걸릴지는 모르지만 반드시 재기할 기회가 찾아옵니다. 기필코 말이지요. 지금의 내가 바로 그 경험자입니다! 기나긴 인생 가운데 1, 2년 아니 5년 정도 뒤처진 것은 언제든지 만회할 수 있습니다. 젊은 친구들은 그랬다가는 '일류 대학에 들어가지 못한

노력은 외롭지 않아

다', '일류 기업에 입사하지 못한다'며 반박하려 들지 모르지만 경험 자로서 나는 이렇게 말할 수 있습니다. "그래도 괜찮다. 그 너머에 엄청나게 멋진 선물이 기다리고 있기 때문에!"

단, 자살이나 위법적인 약물만큼은 절대 피하세요. 그 순간 당신의 인생은 게임 오버! 역경이나 시련이 닥쳤을 때 그 시간을 어떻게 보내는지가 이후 극복과 재기에 큰 영향을 미치게 됩니다.

동적인 노력으로 극복할 수 없는 것

'동적'인 노력이 언제나 도움이 되는 것은 아닙니다. 적어도 숙명은 '동적'인 노력으로는 결코 바꿀 수 없지요. 어느 날 갑자기 닥친 비참한 사고, 자연재해, 암같이 목숨을 위협하는 질병, 자식의 비통한 죽음, 친구나 사랑하는 사람의 죽음…… 이런 일들은 받아들이기 쉽지 않습니다. 게다가 이런 시련은 불평등하게 찾아오지요.

이런 때는 비록 과학에 근거한 '동적'인 노력(뒤에서 자세히 이야기할 예정입니다)에 매진해도 극복해 낼 수 없습니다. 가혹한 역경이나 시련과 만났을 때 끊임없이 '동적'인 노력을 하고 몸부림치고 발버둥 칠수록 오히려 궁지에 몰리는 경우가 적지 않습니다. 그이유는 간단합니다.

두 번 다시 재기할 수 없다고 느끼는 절박한 상황에 처했을 때가 사실 그 사람이 인생을 살아가는 태도나 사고방식을 근본적으로 바꿔야 하는 시기이기 때문입니다. 지금까지 살아온 방식과 그것을 전제로 한 '동적'인 노력은 더 이상 통용되지 않는 것이지요.

이제껏 사용해 온 전화선이나 통신선이 어느 날 갑자기 끊어지면 연결된 회선이 없어 연락하려는 시도가 무의미해집니다. 이때는 전혀 다른 접근이 필요하지요. 이것을 깨닫는 시점은 이후 재기의 성패를 가름하는 '분기점'이 되지요. 이것이 분기점이라는 걸 알면 이후 모든 것을 걸고 '동적'인 노력에 매진합니다. 그러면 결실로 이어지지요.

숙명은 바꿀 수 없지만 '정적'인 노력에서 '동적'인 노력으로의 전환, 이 의미 있는 노력의 질적 변화에 힘을 기울임으로써 운명은 바꿀 수 있습니다. 따라서 '동적'인 노력에 매진할 기회가 올 때까지 조용히 '정적'인 노력을 실천하세요.

또 자신에게 주어진 사명 이외의 일에 '동적'인 노력으로 애써 봐도 현실적으로는 결실로 잘 이어지지 않습니다. 냉정하게 들릴지도 모르지만, 이건 엄연한 규칙이지요. 이 말에 이렇게 묻는 사람도 있겠지요.

"인생의 비전과 사명이 무엇인지 모르는 사람은 어쩌지요? 그걸 알면 고생하지 않고 앞서 결론을 얻지 않을까요?"

노력은 외롭지 않아

하지만 이건 틀린 생각입니다. 왜냐하면 그런 사람은 아주 간단히 '자기 찾기'에 만족하여 처음부터 진지하게 자신에게 주어진 사명이 무엇인지 찾으려고 하지 않기 때문이지요. 그리고 모든 것을 자신이 책임질 각오도 하지 못합니다. '정적'인 노력이 압도적으로 부족하게 되지요. 자신의 존재 의의, 역할을 알기 위해서는 그것을 찾기 위한 '쓸데없는' 노력이 필요하기도 합니다. 때로는 괜한 고통, 잘못된 노력을 실행하는 동안에 자신의 사명이나 역할을 발견하기도 하고요.

단, '절대' 옳은 사명이라는 것은 없습니다. 시대의 흐름에 따라서, 운명의 흐름에 따라서, 사명이라는 것도 변할 수 있다는 것을 늘 머릿속에 기억해야 합니다.

'동적'인 노력은 올바른 사명을 근간으로 목표를 향해 곧장 나아갈 때 큰 무기가 되어 줍니다. 사명에 맞는 의미 있고 아름다운 '동적'인 노력에 매진하는 것이 역전과 재기를 위해 꼭 필요하지요. 그러나 사명 자체를 찾기 위해서는 오히려 '정적'인 노력을 기울이는 것이 우선입니다.

4장.

노력의 휴식

떠나야 비로소 보이는 것들

도망치는 게 아니라, 포기하는 게 아니라,
일단 노력을 내려놓는 거예요.
도저히 잊을 수 없어요, 도저히 포기할 수 없어요⋯⋯.
그래도 한번 모든 것을 리셋하고 쉬세요.
도저히 모든 것을 잊을 수 없다면 마음 한구석에 묻은 채로요.

노력에는
휴식이
필요하다

자신의 사명이나 역할에 따른 '동적'인 노력은 필요합니다. 그리고 자신에게 주어진 사명이나 역할이 무엇인지를 찾아낼 때까지 헛수고처럼 보이는 노력도 필요하지요. 또 앞서 말한 바와 같이 가혹한 시련이 닥쳤을 때는 철저히 생각하고 힘들어하면서도 인내하는 '정적'인 노력이 필요합니다. 그러나 정말로 기진맥진하여 더 이상 움직이지 못하고 자포자기 심정으로 모든 것을 던져 버리고 싶어질 때도 있습니다. 그때는 어떻게 하면 좋을까요?

　나 역시도 아들의 출생과 죽음 이전에, 고등학교 시절 힘들었던 시기가 있었지요. 어린 탓으로 고통을 이겨 낼 지혜도 없어 끝도 없

　　　　　　　　　　　　　　　　노력은 외롭지 않아

는 고민과 좌절의 나락으로 곤두박질쳤습니다. 더 이상 '정적'인 노력조차 할 수 없을 때는 어떻게 하면 좋을까요? 이런 상황이라면 사뭇 태도를 바꿔 노력하는 걸 쉬어 보라, 모든 것을 내려놓으라고 말하고 싶습니다.

인생도 노력도 '휴식'이 필요합니다. 여기서 말하는 '내려놓는다'는 것은 지금 하고 있는 일에서, 힘겨운 상황에서 잠시 벗어난다는 의미이지요. 벗어나는 거리·방향은 멀수록 좋습니다. 이것은 내가 경험을 통해 얻은 지혜입니다.

일단 좇던 꿈을 포기한다, 회사나 학교를 휴직, 휴학하거나 그만둔다, 장기 여행을 떠난다……. 마치 밥상을 뒤엎듯이 일단 전부 없던 것으로 합니다. 결국 '참고 견디는' 일을 그만두는 것이지요. 지금까지 그랬던 것처럼 격류와 맞서면서도 참고 견디는 것이 아니라 큰 바위 뒤에 몸을 숨기고 일단 모든 것을 잊고 휴식을 취하는 모습을 머릿속으로 그려 보세요.

어떤 일에나 타이밍이라는 것이 있는 법이지요. 안 될 때는 무엇을 해도 안 됩니다. 한계까지 도전하고 '더 이상은 어렵다, 더 했다가는 죽을 것 같다……'는 생각에 숨조차 쉬기 어려울 만큼 노력했다면 모든 것을 내려놓고 휴식을 취해 보세요.

"휴식 없이 노력은 성공할 수 없습니다."

나는 자신만만하게 말할 수 있습니다. 이 말에 '너무 무책임하다'

고 반박하는 사람도 있겠지만, 그렇지 않습니다. 오히려 내려놓아야만 하는 분명한 이유가 있기 때문이지요. 자, 그것에 대하여 이야기해 보겠습니다.

기진맥진하여 '정적'인 노력조차 할 수 없을 때는 어째서 생각대로 일이 진행되지 않는 것일까요? 어디가 잘못되었는지, 왜 열심히 사는데 이런 말도 안 되는 일이 내게 일어나는지 도저히 이해할 수 없습니다. 숙명을 거스르려 해도 허사일 테고, 그릇된 방향으로 노력해도 그것 역시 헛수고일 뿐이지요. 그리고 앞에서 살펴보았듯 자신의 역할이나 사명을 알지 못하면 그릇된 방향으로 나아갈 수 있습니다.

하지만 소용돌이 속에서는 알 수 없지요. 최악의 고통 속에서는 사실 아무것도 알 수 없는 상태이지요. 그야말로 사방이 안개에 덮인 오리무중의 상태입니다.

헛된 노력은 결코 결실을 맺지 않기에 결국 의욕을 잃고 끝내 무너지고 맙니다. 참고 견디는 것은 중요하지요. 그러나 자신의 한계를 넘을 때까지 참으면 정말로 두 번 다시 재기할 수 없게 되기도 합니다. 더욱이 목숨을 잃는다면 아무 소용도 없지요. 따라서 자신의 한계를 넘어 '더 이상은 무리'라는 생각이 들면, 한 번쯤 모든 것을 내려놓으세요.

그렇다면 어느 시점에서 결단을 내려야 할까요? 매우 어려워 보이지만 사실 아주 간단합니다. 왜냐하면, 자기 자신이 누구보다 자신의 한계를 가장 잘 알기 때문이지요.

구체적으로는 어떤 것일까요? 먼저, 인내하는 '정적'인 노력을 철저히 실천했나요? 이것을 검증해 보세요. 이 같은 노력 없이 '휴식'에 들어간다면 그건 도망치는 꼴밖에 되지 않습니다. 그렇듯 도피가 습관이 되면 오히려 위험해집니다. 당연히 도망치는 게 편하니 자신도 모르게 자꾸만 그 방법을 선택하게 됩니다. 그리고 벽에 부딪힐 때마다 늘 그 방법을 선택하게 되지요. 그야말로 '금단의 과실'입니다.

따라서 무엇보다 '정적'인 노력에 온 힘을 기울였는지가 모든 것을 내려놓고 휴식할지 말지를 판단하기 위한 기준이 됩니다. 이 말은 즉, 온 힘을 다해 노력하기 전에는 결코 휴식해서는 안 된다는 것이지요.

다음으로 생각할 것은 휴식하는 타이밍입니다. 사실 이것도 본인이 가장 잘 알지요. '정적'인 노력을 다하지 않은 '노력의 불완전 연소' 상태일 때도 방관하거나 휴식하지 못하지만, 대개는 '물러서면 창피하다', '체면이 서지 않는다'는 타인의 시선이나 그릇된 자존심 때문에 시련과의 싸움을 이어 가지요.

그렇다면 일단 내려놓고 휴식하기 위한 판단 기준 몇 가지를 소
개합니다.

1. 아침에 도저히 잠자리에서 일어날 수 없다.

2. 자금이 바닥이 났다.

3. 몸(정신이 아닌 신체)에 이변이 생겨 병원에 가야만 한다.

4. 웃지 않는다, 슬픈 일에도 눈물이 나지 않는다, 희로애락을 표현하지
않는 상태가 1개월 정도 이어진다.

5. 죽고 싶다는 생각이 든다.

6. 생각하지 못했던 실수가 잦아졌다.

7. 평소 사랑하는 사람은 물론 애완동물에게도 관심이 가지 않는다.

8. 매일 '자신은 가치 없는 무용지물'이라고 생각한다.

9. 신념에서 나온 목표에 의문뿐 아니라 혐오감마저 생긴다.

이런 증상이 나타나는지를 잘 살펴봐야 합니다. 이들 중 몇몇 증
상이 한꺼번에 나타난다면 한 번은 꼭 쉬는 게 좋습니다. 물론 지금
당장 전문가에게 상담 받을 필요도 있고요. 여기서 중요한 건 그 단
계에서 자신을 칭찬하는 것입니다. 자, 자기 자신을 이렇게 칭찬해
보세요!

노력은 외롭지 않아

"내가 한 일이지만, 참 잘했다. 여기서 잠시 쉰다고 무슨 일이 있겠어. 아직 게임이 끝난 것은 아니니 다음에 겨뤄 보자."

이런 관점에서 보면 흐리터분한 성격이 그리 나쁘지만은 않은 것 같습니다. 너무 성실한 나머지 자신을 끊임없이 비난하고 채찍질하면 자신을 궁지에 몰아넣게 되지요. 그리고 결국 제 생명을 끊는 사태로까지 번지기도 합니다. 이때는,

'아아, 운이 나빴을 뿐이야. 결코 내 탓이 아니라고. 좀 쉬라는 하늘의 계시야. 여기선 온 힘을 다해 쉬자.'

이렇듯 조금 자기중심적으로 생각하고 고민을 내려놓고 휴식하는 거지요.

휴식하는 동안
보이는 것들

휴식하면서 무엇을 하면 좋을까요? 일단 무엇이든 좋으니 평소 자신이 하고 싶었던 것을 하세요. 아무것도 안 하고 집 안에 틀어박혀 있는 것은 가장 좋지 않습니다. 여행을 떠나는 것도 좋고, 봉사활동을 하는 것도 좋습니다. 단, 거기에 너무 구속되거나 도박처럼 이해 득실이 생기는 일만큼은 절대 피해 주세요.

지금 있는 곳을 온 힘을 다해 바꿀 것. 전지요법轉地療法(환경이 다른 곳으로 거처를 옮겨 병을 치료하는 방법)이라는 것이 있지요. 장소는 멀어질수록, 일상에서 벗어날수록 좋습니다. 그런 의미에서 여행(특히 혼자 떠나는 여행)이 가장 효과적인 휴식 방법입니다. 또 자연을 찾아 나서는 것도 좋습니다. 기력을 회복하는 데는 사람보다 자연에서 에너지를 받는 것이 좋기 때문이지요.

'정적'인 노력은 어떤 의미에서 쉽지 않은, 매우 고된 일이지요. 하지만 노력의 휴식은 '왜? 어째서? 무엇이 원인이지?' 하는 모든 생각을 멈추고 내려놓고 그저 멍하니 있는 것입니다. 이 시간이 '부활의 횃불'을 피어오르게 하기 위해서는 반드시 있어야 합니다.

내가 첫 '휴식'을 가졌던 것은 고등학교 3학년부터 대학교 1학년에 이르는 시기였지요. 아버지가 다른 여자와 딴살림을 차린 것이 중2 때인데 상대 여자는 소위 '꽃뱀'이라 불리는 미인으로, 회사를 경영하던 아버지는 나중에 모든 것을 빼앗기고 암을 앓다 55세의 젊은 나이로 세상을 떠났습니다. 태어나서 한 번도 경제적인 어려움을 겪은 적 없이 유복하게 살아온 내게 아버지 회사의 도산으로 집까지 잃은 일은 실로 큰 좌절이었지요.

그 뒤를 이어 실연의 아픔이 찾아왔지요. 당시 내게 그녀는 유일한 마음의 안식처였습니다. 그러나 서로의 사랑을 확인했다고 생각한 순간 이별이 찾아왔습니다. 이제 나는 아무도 의지할 사람이 없었습니다. 나의 무겁고 어둡고 괴로운 마음이 여자 친구에게도 영향을 미쳤을 게 분명합니다. 당시 고등학생이던 나는 꿈에도 그걸 몰랐습니다.

이러저러한 이유로 나는 큰 병을 앓아 고등학교 3학년 겨울부터 입원해, 대학도 1년간 휴학하게 되었지요. 그러나 결과적으로 이 휴식은 내가 다시 일어서는 데 큰 영향을 미쳤습니다. 또한 그때 겪은 시련도 내게는 큰 힘이 되었습니다. 그 덕에 어떻게 하면 최악의 상황에 빠지지 않도록 자신을 다스릴지, 그래도 안 된다면 어떻게 대처하면 좋은지를 경험적으로 알게 되었으니까요. 두 번째 휴식은 2002년부터 1년간 뉴욕에서 유학했을 때입니다. 그렇지요. 나는 52년간 살아오며 두 번이나 휴식했습니다!

잠시 노력을 쉬었다고 해서 결코 인생이 끝나는 것은 아닙니다. 오히려 이제까지 보이지 않던 것이 눈에 들어오기 시작했습니다. 바로 내가 그랬지요. 예컨대 '정적'인 노력을 할 때는 자신이나 타인을 비난하거나 숙명을 저주했고, 내 앞에 불현듯 나타난 시련을 받아들일 수 없었습니다. 하필 내게 왜 이런 일이 일어났는지 도저히 알 수 없었지요. 그러나 모든 것을 내려놓고 휴식함으로써 점차 내가 할 수 있는 것과 못 하는 것, 대적해도 무의미한 것, 그리고 무엇과 맞서야 할지를 서서히 깨닫게 되었지요. 그리고 자신과 타인을 비교하는 것이 얼마나 무의미한지를 깨닫고, 있는 그대로의 내 모습으로 승부하는 것이 중요하다는 사실도 알게 되었습니다.

그 후 난생처음 내 모든 것을 던져 무언가를 해보고 싶다는 마음이 생겼습니다. 그리고 비로소 '이 일은 내게 엄청난 의미를 가진 것이었구나!'라고 느끼게 되었지요. 보이지 않는 무언가에 감사하고,

노력은 외롭지 않아

모든 것을 받아들일 마음이 생겨났습니다. 그러면 머지않아 부활, 역전, 극복의 날도 마침내 찾아오게 됩니다.

따라서 당당히 노력을 쉬어 보세요. 다시 '동적'인 노력으로 힘차게 달리기 위해서 말이지요.

당신에게 권하는
휴식법

그렇다면 휴식하는 동안 구체적으로 어떤 시간을 보내면 될까요? 역경 속에 있을 때도 그렇지만, 특히 휴식할 때는 자기 좋을 대로 지내는 게 제일 좋습니다. 무엇에 대해서든 구속하지도 구속 받지도 마세요. 그저 자신의 마음이 향하는 대로 맡기세요. 그리고 '정적'인 노력을 멈추기로 한 이상 생각도 고민도 하지 마세요. 마치 바람이 불어 훨훨 나는 듯한 기분을 만끽하는 거예요. 다이빙을 해본 사람은 알지도 모르는데, 수중 부력을 받는 상황에서 물속에 멍하니 있는 느낌입니다.

완고하고 성실한 사람이라면 도저히 그럴 수 없을지도 모릅니

노력은 외롭지 않아

다. 그러나 조금 수월하게 그런 마음을 갖게 하는 경우가 있지요. 그것은 대자연을 만끽하는 때입니다. 그리고 자연 속에 있는 생물을 접할 때입니다. 역경이나 가혹한 시련과 맞닥뜨려 '정적'인 노력도 해봤지만 더는 버티지 못할 때는 체내 에너지가 완전히 고갈된 상태입니다. 따라서 이 체내 에너지를 원래 상태로 끌어올려 회복할 필요가 있지요. 그와 동시에 너덜너덜해진 몸과 마음도 치유해야 하지요. 그를 위해서는 친절하고 아름다운 에너지를 얻어야 합니다.

그런 점에서 우리에게 가장 큰 에너지를 안겨 주는 것은 대자연이지요. 그중에서도 태양 볕을 흠뻑 쬐는 게 가장 좋습니다. 몸속에 에너지가 들어오는 게 고스란히 느껴지지요. 바다, 대지, 산, 넓은 강, 하늘 가득 빛나는 별, 오로라, 망망대해에 떠 있는 유빙……. 그 어떤 것이라도 좋은데, 여하튼 일상에서 좀처럼 만날 수 없는 대자연일수록 그 효과는 큽니다.

대자연과 접하면 저절로 에너지가 충전될 뿐 아니라 지금 자신이 놓인 상황과 슬픔, 고통이 거대한 세상 속에서는 별거 아니라는 것을 깨닫게 되지요. '정적'인 노력조차도 할 수 없을 때는 자신을 객관적으로 보는 능력이 완전히 사라지게 됩니다. 그래도 대자연 속에 있으면 그 압도적인 스케일 속에서 아름다움, 장대함, 유유히 흐르는 시간을 느끼고 어렴풋이 지금 자신이 겪는 시련, 고난, 슬픔이나 아픔이 얼마나 작은지를 알게 되지요. 거대한 자연 앞에 자신의 존

재가 얼마나 작은지 느낄 수밖에 없지요. 그러면,

'아뿔싸, 당했구나!'

'내가 이토록 아프고 힘들어도 대자연은 그깟 일로는 끄덕도 하지 않는다. 과거에도 현재도 그리고 앞으로도 계속 변함없이 유유히 흘러가겠지.'

'그렇게 노력했는데 결과도 얻지 못하고 어느 날 느닷없이 모든 걸 잃었다고 생각했는데, 대자연 속에서는 그런 게 아무래도 좋은 사소한 일처럼 느껴지네.'

……이런 마음이 되지요.

고민이나 아픔이 어리석게 느껴지고 모든 게 보잘것없이 느껴지지요. 그리고 이윽고 대자연과 하나가 된 듯 느껴지고 열심히 산다고 생각했던 것이 실은 어떤 존재에 의해 살아지고 있었다는 생각으로 바뀝니다. '살아 있는 것만으로 이득'이라고 누군가 말했듯 어떤 위대한 존재에 감사하는 마음이 저절로 생겨나지요. 이 경지에 이르면 상처는 이미 거의 치유된 것과 같지요. 이후엔 에너지를 가득 흡수하여 몸속에 새로운 '기氣'와 '혈血'이 돌게 하지요. 이때 틀림없이 어딘가에서 새로 태어난 듯한 감각을 실감하게 됩니다.

그러나 한 가지 주의할 점이 있습니다. 대자연에 도전하는 스포츠는 피하는 것이 좋습니다. 전투 모드가 되면 모처럼 얻은 에너지를 소모하기 때문입니다. 따라서 대자연과 혼연일체가 되는 스포츠를 권합니다. 다이빙, 유유히 흐르는 강물을 따라 나아가는 카누, 놀이 정도의 눈싸움, 승마, 하이킹, 트레킹 정도로 그치는 것이 좋습니다. 휴식할 때는 여하튼 철저히 '수동'적인 자세를 유지하는 것이 중요하지요.

또 한 가지 중요한 게 있습니다. 대자연의 위대함과 자신을 소통시켜 주는 존재, 대자연 속에 사는 동물과 접하는 것이지요. 아프리카 대자연 속에서 동물을 보는 것도 좋겠지만, 가능하다면 가까이에서 만질 수 있는 동물, 그중에서도 말이나 돌고래를 권합니다. 실제로도 말이나 돌고래를 이용한 정신요법이 행해지고 있는데, 개인적으로 체험한 것 중에서도 이 두 종류의 동물과 접했을 때 가장 치유력이 컸습니다.

말이나 돌고래가 우리를 직접 위로해 주지는 않습니다. 동정도 해주지 않지요. 그러나 그 동그란 눈동자는 '뭘 고민하고 있어? 힘들어? 이리 와, 나랑 놀자!'고 말하는 것 같습니다. 대자연 속에서 동물이 안겨 주는 친절한 에너지는 평소의 두세 배로 증폭되어 우리 몸속에 스며들지요.

지금 나의 말이 도대체 무슨 뜻인지 모르는 사람은 말이나 돌고래가 인간의 마음을 치유하는 영화를 봐도 좋습니다. 말이 등장하는 영화로는 로버트 레드포드 주연의 〈호스 위스퍼러The Horse Whisperer〉(1998), 돌고래가 등장하는 영화로는 해리 코닉 주니어 주연의 〈돌핀 테일Dolphin Tale〉(2011)을 권합니다. 〈호스 위스퍼러〉에서 주인공 소녀는 승마 중 사고로 친구와 자신의 한쪽 발을 잃고 애마도 사고의 충격으로 포악해져 더 이상 아무도 탈 수 없게 되지요. 천진난만한 소녀가 감당하기 어려운 시련을 겪으면서도 대자연 속에서 말을 통해 다시 일어선다는 이야기입니다. 꼭 한번 보시기 바랍니다.

일본이나 팔라우, 하와이, 멕시코 등지에는 돌고래와 같이 놀 수 있는 시설이 있어 그곳을 방문해 보는 것도 좋겠지요. 그러나 여건이 된다면 자연의 바다에서 만나 보길 바랍니다. 그저 관찰만 하는 것과 야생 돌고래와 바닷속에서 같이 노는 것에는 그 효과에 엄청난 차이가 있기 때문입니다.

혼자 여행을 떠나세요

고등학교를 졸업한 뒤에는 홀로 자연과 만나는 여행을 떠나 보세요. 중요한 것은 '홀로' 여행하는 것입니다. 가능하다면 지금 있는 곳에서 멀리 떨어진 곳, 게다가 대자연 속으로 떠나는 여행이라면 더 좋지요. 마음 내키는 대로…… 그것이 기본이지요. 일정이나 여행지를 다른 사람과 논의하는 데는 많은 에너지가 소모됩니다. 따라서 혼자 여야 하지요. 고등학생이라면 부모나 신뢰하는 어른과 동행하세요. 단, 그 경우에도 혼자만의 시간을 많이 만들어 보세요.

나는 고등학교를 졸업하고 1년간 휴학했을 때, 수술 후 어느 정도 체력을 회복한 뒤 살을 에는 혹한의 홋카이도를 3주간 유랑했지요. 혼자 떠나는 첫 여행이었습니다. 미우라 아야코의 소설 《빙점》에 나온 시레토코의 유빙이 보고 싶었거든요. 이 여행 덕에 나는 생명력을 다시 회복했고 대학에 복학하여 이후 사법시험 공부에 매진할 수 있었지요.

두 번째 휴식은 4년 뒤 아들 녀석이 세상을 떠났을 때입니다. 아들을 내게 보내 주신 의미를 한 책과의 만남으로 이해할 수 있었지만, 곧 재기할 수 있었던 것은 아닙니다. 아들이 세상을 떠난 뒤 현실은 오히려 더 나쁜 쪽으로만 흘러갔으니까요. 나는 아들이 장애를 가지고 태어난 의미와 내게 주어진 사명을 깨달았지만, 아이를 돌보는 데 온 힘을 쏟았던 당시의 아내는 아들을 치료할 수 있다는 믿음 하나로 버텼던 만큼 상실감도 컸지요. 그로 인해 아내는 살아갈 희망도 잃고 건강도 잃었습니다.

하지만 일을 하면서 상처 입은 그녀를 돌보기는 결코 쉽지 않았지요. 그래서 위안 삼아 웰시 코기를 키우기 시작했는데, 세상에! 이 개가 앞서 떠나보낸 아들처럼 때때로 격렬한 경련이 엄습해 오는 난치병이었지 뭡니까. '마루'라고 이름 붙인 반려견이 아들이 먹었던 약을 먹게 되었을 때의 충격은 이루 다 말할 수 없습니다.

'세상에 어떻게 이런 일이 있을 수 있지? 대체 언제까지 고통 받아야 하는 거야?'

아들의 죽음으로 눈앞이 깜깜한 가운데 더 이상 현재의 생활을 이어가기 어려웠지요. '정적'인 노력에 매진할 에너지가 바닥을 드러내고 있었던 거지요. 그래서 나는 일도 그만두고 당시 아내와는 원만히 이혼하고 나서 홀로(사실 반려견 마루를 데리고) 뉴욕으로 떠났습니다. 변호사라는 일에 완전히 흥미를 잃은 상태에서 일을 그만두었지만, 그렇다고 마냥 백수로 지낼 수만도 없었지요. 그래서 지금까지의 커리어를 이용하여 로스쿨의 석사 과정을 밟으면서 인생의 근본부터 다시 보기 위한 '여행'을 떠났습니다.

퇴직금으로 여유롭게 마음 가는 대로 1년간 생활했습니다. 물론 로스쿨에는 다녔지만, 과거 예일 대학교 로스쿨에서 공부한 경험도 있어서 요령을 이미 터득한 터라 최소한의 공부로 졸업할 수 있었지요. 나머지 시간은 마루와 산책하고, 책을 읽고, 밤이 되면 때때로 술집을 찾아 술잔을 기울이며 자유를 만끽하는 나날을 보냈지요. 또 유학 생활 틈틈이 짬을 내어 타히티를 비롯하여 멕시코의 코즈멜, 카리브 해의 자메이카, 앙컬라, 바하마로도 여행을 떠났지요.

그중에서도 타히티의 랑기로아에서 다이빙하다 만난 야생 돌고래 모자는 지금도 잊을 수 없습니다. 어미와 새끼가 여유롭게, 그러나 깊은 애정으로 맺어져 나와 함께 놀려고 했지요. 그 순진무구한 자태, 온화한 사랑으로 가득했던 눈빛. 다이빙하면서도 눈가에 눈물이 맺혔습니다. 자메이카에서는 말과 함께 해변을 달리고 수심 1미터쯤 되는 곳까지 걸어 들어가는 체험도 했지요. 역시 말의 온화한 눈빛과 바닷물 속에서 말과 하나가 되는 일체감 그리고 신뢰감……이 모든 것이 나의 마음을 치유해 주었지요.

이 같은 휴식을 거쳐 나는 다시 일어설 기회를 얻었습니다.

운명을
바꾸는
책과의 만남

여행과 마찬가지로, 선인의 지혜가 담긴 책과 만나는 일도 중요하지요. 책과의 만남은 대자연 속으로 떠나는 여행만큼 큰 의미가 있습니다. 대자연은 우리의 몸과 마음을 치유해 주지만, 책은 보다 깊은 마음의 상처를 치유해 줍니다. 책에는 '번뜩' 번개에 맞은 듯 전율에 사로잡히게 만드는 만남이 있습니다. 고등학교 시절 내게 시련이 닥쳤을 때 만난 것은 《빙점》의 작가 미우라 아야코의 《길은 여기에》라는 책이었지요. 고등학교 3학년 가을이었습니다. '더 이상은 버틸 수 없다'는 위기감에 생기를 잃고 지내던 어느 날 방과 후 우연히 들른 도서관에서 때마침 추천도서였던 《길은 여기에》를 집어 들었지요.

정말로 큰 충격을 받았습니다. 미우라 아야코의 추한 부분도, 마음의 갈등도 적나라하게 담겨 있었지요. 10년이라는 긴 세월 동안 병으로 누워 지낸 탓에 그녀가 사랑하는 사람의 장례식에도 참석하지 못하고 고통으로 발버둥 치면서도 인내하고 아픔을 극복해 가는 모습에 하루 온종일 눈물과 전율이 멈추지 않았습니다.

'세상엔 이런 혹독한 시련을 견뎌 내는 사람이 있구나. 그에 비하면 내가 겪는 시련 따윈 아무것도 아니네.'

그때 마음속으로 나는 고통의 종지부를 찍었지요. 게다가 우연찮게 미우라 아야코 씨의 생일과 나의 생일이 같았던 것도 뭔지 모를 큰 힘을 안겨 주었지요. 나는 이후 병마와 싸우면서도 그 단계에서 내가 갈 수 있는 대학을 선택하고 입시를 치렀지요. 그리고 대학에 입학하고 나서 수술과 휴양을 위해 일 년을 쉬고 재기했습니다.

내게 영향을 준 다른 한 권은 앞에서도 언급했던 이이다 후미히코의 《사는 보람의 창조》입니다. 나는 이것을 원고 상태에서 읽었지요. 당시 이이다 후미히코 씨가 주변 몇몇 사람에게 원고를 건넸는데, 나는 전처의 지인을 통해 읽게 되었지요. 이 책이 준 충격은 실로 엄청났습니다. 전생의 존재 여부는 당시나 지금이나 나로서는 알 수 없습니다. 아마 죽을 때까지 알 수 없을 테지요. 그러나 이 책으로 구원 받은 것만큼은 흔들림 없는 사실입니다. 그리고 살아갈 희망을 얻을 수 있었지요.

인생을 살다 보면 비록 거짓말일지라도 '사랑한다'는 말을 듣고 싶을 때가 있는 법이지요. 그처럼 환생의 진실 여부가 아니라 당시 나는 환생이라는 사고방식도 있구나 하는, 좀 다른 시점을 배웠습니다. 그 사고방식에 담긴 온화하지만 강한 힘을 알게 된 것이지요.

내가 그랬던 것처럼 여러분도 이 책에서 큰 감동을 얻을 것이라 단언할 수는 없습니다. 그러나 당신 자신을 송두리째 흔들고 새롭게 변화시킬 책은 어딘가에 분명히 있습니다. 나는 휴식하는 동안이 아닌 '정적'인 노력에 힘을 쏟던 시기에 이들 책과 만났지만, 혹독한 역경이나 시련 속에서 당신이 발견하게 될 책은 평생 소중한 보물로 남을 것입니다. 그리고 무엇보다 신비롭고 재미있는 일은 이런 책과의 만남도 어느 날 갑자기 찾아온다는 것이지요. 느긋하게 지낼 때일수록 그런 책과 만날 가능성이 높지요.

그런 의미에서 휴식하는 동안 가장 소중한 만남이 다가올 가능성이 있습니다. 아무쪼록 마음껏 즐기세요. 모든 것을 내려놓고 쉬어 보세요.

노력은 외롭지 않아

참으로 사람을 사랑하는 것은

그 사람이 혼자 있어도 살아갈 수 있게 해주는 것이라고 생각했다.

《길은 여기에》(미우라 아야코 지음) 중에서

5장

올바른
노력의 법칙

노력할 때 기억해야 할 중요한 것들

있는 힘을 다하고 있으니 인정받고 평가 받고 싶어요.

타인의 평가로 채워지는 것은 한순간이죠.
당신은 당신, 남은 남.
자, 자유로워지세요. 있는 그대로의 당신으로 승부하세요.

피해의식이나 열등감을 떨쳐 낼 수 없어요.

그저 남을 위해 노력하기 때문이 아닐까요?
노력은 자기 자신을 위한 것입니다.
일어나는 모든 일에 책임을 지고 숭고한 노력을 해보세요.

타인의
인정을
구걸하지 마라

지금까지는 역경에 처했을 때 노력하는 '의미와 필요성'에 대하여 이야기했습니다. 자, 이제부터는 그 역경을 딛고 일어나 극복하고 인생 역전을 하기 위한 방법을 이야기해 보지요. 다만 그 전에 노력에 대하여 다른 시점으로 한 번 더 점검해 보려고 합니다. 그것은 목표를 향해 돌진할 때의 '동적'인 노력은 물론 역경 한가운데서의 '정적'인 노력도 그 방향이 과연 옳은가에 대한 점검입니다.

예컨대 노력을 쉴 때 점차 힘을 빼고 잠시 돌아볼 여유, 즉 객관적으로 자기 자신을 볼 수 있는 시간이 생깁니다. 인내, 휴식을 거치면서 드디어 폭풍이 잦아들고, 앞날이 어찌 될지 아직 보이지는 않아도 '숨을 쉴 수 있는' 상황까지 회복되면, 지금껏 실행해 온 자신의 노력이 옳은 '방향성'을 갖고 있었는지 돌아볼 필요가 있지요.

묵묵히 노력하는 모습은 주위 사람들에게 감동을 선사합니다. 그러나 때로는 노력을 자랑삼아 내세우며 '난 이만큼 하고 있다!'며 필요 이상으로 강조하기도 하지요. 특히 '동적'인 노력을 할 때 이런 경향이 강합니다. 이런 노력은 사람을 감동시키지 못할 뿐 아니라, 결과로도 이어지지 않습니다. 왜 그럴까요?

그것은 노력의 대부분이 타인의 시선을 의식한 행동으로, 자신의 성장을 위해 인생을 걸고 행한 것이 아니기 때문이지요. 달리 말하면, '열심히 했으니 도와달라'는 '응석'이나 '억지'인 것이지요. 하지만 세상은 그리 만만치 않습니다.

목표를 향해 맹렬히 나아갈 때, 그 목표가 달성하기 어려운 것일수록 수차례 좌절을 맛보기도 합니다. 그것은 곁에서 남들이 보기에도 차마 눈 뜨고 볼 수 없을 만큼 아프고 고통스러운 모습이지요. 그러나 목표를 향해 '동적'인 노력으로 나아갈 때 오히려 당사자인 본인은 전혀 노력이라 느끼지 않지요. 자신의 사명이나 영혼의 외침을 원동력으로 삼고 역경에 도전할 때는 무아지경으로, 그처럼 즐거운 일도 없습니다. 달리 말하면, '보람'을 느낍니다.

1장에서도 말했지만, 이것은 자신의 성장을 위한 노력입니다. 따라서 한눈팔지 않고 꾸준히 노력할 수 있지요. 그리고 그 과정을 과

시할 필요가 없습니다.

그런데 결과가 아닌 과정을 강조하거나 노력을 자랑으로 삼을 때는 노력하기 싫거나 결과를 얻지 못한 것에 대한 핑계를 찾는 경우이지요. 이런 노력은 억지 사랑을 구걸하는 것만큼 볼썽사납습니다. 자기중심적으로 승인 욕구를 채우려고 드는 행위일 뿐이지요. 그리고 이런 경우 대개는 결과도 따르지 않지요. 비즈니스 세계에도 과정을 지나치게 강조하는 사람이 있는데, 프로답지 못한 행동이지요. 프로는 결과로 모든 것을 말합니다. 노력하든 안 하든 결과를 내놓지 못한다면 변명하지 말아야 합니다. 노력이나 과정은 어디까지나 타인이 평가하는 것이지 자기 자신이 소리 높여 주장하는 게 아니니까요.

'정적'인 노력을 하고 있을 때도 비슷한 문제가 있습니다. 나락에 떨어져 있을 때 보통은 타인의 시선 따윈 신경 쓰지 않지요. 그럴 여력이 없으니 당연합니다. 그런데 때로 자신도 모르게 동정 받는 것을 당연시하게 되기도 하지요. 결국 어느 사이엔가 참고 견디는 마음이 피해의식으로 변해 버리는 거지요.

동정은 위에서 내려다보는 시선에서 나오는 감정이기에 일반적으로 반발심을 삽니다. 그런데 자존심이 무너진 상태에서는 '날 인정해 주었다!'는 착각으로 이어지지요. 인정받기를 원하기 시작하면 인정받고자 타인의 이목을 끌기 위한 아픔, 슬픔, 노력에 만족하게 됩니다. 자꾸 실패하는 게 어느 결에 표준이 되어 버립니다. 그때마다 동정 받고 채우지 못한 성취감을 다른 의미로 채우면서 세상이 말하는 '싸움에 진 개'의 근성이 몸에 배게 됩니다.

나 역시도 그 같은 기분에 젖었던 시기가 있었지요. 하지만 그 상태로는 영원히 자신에 대한 긍지를 회복하지 못하고 열등감만을 키우게 됩니다.

질투는
좋은 걸
낳지 않는다

질투는 미움과 피해의식만을 낳습니다. 질투에서 우리는 아무것도 얻을 수 없습니다. 정적·동적인 노력을 불문하고 그 과정에서 잘나가는 사람, 재능 있는 사람을 보고 질투심에 사로잡히기도 합니다. 이를 악물고 견뎌도 자신만이 이런 상황에 놓여 있다는 게 도저히 받아들여지지 않지요.

중요한 건 비교하지 않는 것, 있는 그대로의 자신의 모습을 잃지 않는 것이지요. 그리고 잘나가는 사람이 있으면 솔직히 인정하세요. 사실 모든 것을 갖춘 사람이 드물기는 하지만, 분명 있기는 합니다. 그리고 아마 그 사람도 남들이 알지 못하는 시련을 겪고 있을 테지

노력은 외롭지 않아

요. 가령 시련을 겪고 있지 않다 해도, 그 사람의 사명은 이번 생에서 고난을 극복하는 것이 아니라 자신이 가진 재능이나 재력, 행동력으로 사회에 공헌하는 것일지도 모르지요. 역경이나 시련을 겪지 않은 사람이 역경을 극복해 온 사람보다 결코 '늘' 부족한 것은 아닙니다. 무조건 그렇다고 믿는 것은 단순한 피해의식이나 열등감에 지나지 않지요.

이 책을 쓰는 중에 앞에서도 소개한 스키점프 선수인 가사이 노리아키 선수의 특집 방송을 텔레비전에서 볼 기회가 있었습니다. 내용 중에 특히 흥미를 끌었던 것은 가사이 선수가 나가노 올림픽에서 점프 단체 대표로 선발되지 않았을 때의 심정을 말한 부분입니다. 당시 점프 단체전에서 금메달을 딴 선수들의 도약을 보면서 '떨어져라, 떨어져라'고 염원했다는 이야기를 했습니다. 너무 솔직한 심경 고백에 보고 있던 나는 웃음이 터졌지요. 당시의 우울한 표정과 역경을 딛고 재기하여 메달을 딴 현재의 평온한 표정은 확연히 달랐지요. 내 안에 있는 잘못된 생각을 바로잡고 초연히 마지막에 승리를 거둔 선수의 발자취를 엿볼 수 있어 감명 받았습니다.

질투를 말끔히 없애기는 어렵습니다. 그러나 질투로 얻을 수 있는 것은 아무것도 없습니다. 그저 부정적인 에너지만을 낳지요. 그러니 솔직히 그들에게서 배워야 합니다. 질투할 겨를이 있다면 오로지 자기 향상만을 생각하세요. '남은 그저 남이다. 있는 그대로의 내 모습으로 승부하자.' 이런 마음가짐이 중요합니다.

분한 마음을 에너지로 삼으세요

질투가 아니라 분한 마음을 에너지로 삼아 보세요. 이건 필요한 일이기도 합니다. 분한 마음은 강한 신념이나 정열과도 이어져 있지요. '내가 못 해낼 리 없다', '이대로 질까 보냐!'며 자신을 북돋는 일은 자부심과 자긍심을 더 높은 차원으로 끌어올리는 힘이 되지요. 분함은 매일같이 닥쳐오는 수많은 난관에 맞설 수 있는 원동력이 되기도 합니다. 그와 동시에 어떤 존재에 노력의 결과를 '맡기는' 마음도 잊어서는 안 되지요. 분함과 균형을 이룬 신념은 이윽고 영광을 거머쥐었을 때 강력한 무기가 되지요.

내가 학생 시절에 치른 고시 공부는 보통이 아니었지요. 게다가 경제적으로 어려운 상황에 있었기에 수입이 짭짤한 가정교사 아르바이트나 공사장의 막노동도 해야만 했지요. 집은 아버지의 빚으로 차압당하고, 은행이나 변호사는 연대 보증인인 어머니에게 빚을 갚으라고 냉혹하게 압박해 왔지요. 나는 어머니를 대신하여 그들과 맞서야 했습니다. 가족을 배반한 아버지가 유유자적 아리따운 여자와 잘 살고 있다고 생각하니 결코 아버지를 용서할 수 없었습니다. 물론 알고 보니 실상은 그렇지 못했지만요.

해야 할 일, 극복해야 하는 일, 참고 견뎌야 하는 일이 너무 많아서 만신창이로 황폐해졌던 시기였지만, 반면 '어디 두고 보자, 이놈들! 결코 가만두지 않겠다!'며 허물어져 가는 아파트에서 분노와 의욕을 불사르며 온 힘을 다해 살았습니다.

30년 전의 일로 지금 생각해 보니 그리운 추억이네요.

기쁨은 주관적으로
슬픔은 객관적으로

과정을 과시하기 위해서, 동정을 사기 위해서 노력하는 사람과 자신의 성장을 위해 인생을 걸고 노력하는 사람의 차이는 어디서 알 수 있을까요?

봐주세요, 알아주세요, 이해해 주세요…… 이런 마음이 강할수록 사람들로부터 외면당합니다. 사념, 공명심, 승인 욕구가 너무 강하면 타인에게 에너지를 빼앗겨서인지 자신을 만족시킬 수 없기 때문입니다. 자신에 대한 긍지가 없어 자기 자신을 만족시킬 힘이 없는 것이지요. 고작 허영심 정도를 만족시킬 뿐이지요.

그러나 타인의 에너지(평가)로 채워진다 해도 그건 한순간일 뿐

노력은 외롭지 않아

이며 늘 공허한 상태가 이어지지요. 게다가 그 에너지는 자신이 낳은 독선이라는 때가 묻어 어둑어둑하고 끈적끈적한 불순물로 가득한 질 낮은 에너지로 변모해 버립니다. 그렇게 되면 최고의 성과를 얻을 수 없는 것이 자명하지요. 또한 배출하는 에너지(아우라)도 기껏 저급한 엔진과 질 낮은 휘발유가 만들어 내는 배기가스처럼 환경(타인)에 악영향을 미칩니다. 따라서 타인에게 보여 인정받고자 하는 마음이 강할수록 타인에게 외면당하고, 소외당하고, 평가 받지 못합니다.

반면 자신의 마음을 타인에 의해서가 아니라 스스로 채울 수 있는 사람은 명상이나 자연과의 만남을 통해 고품질의 깨끗한 에너지를 풍족하게 얻습니다. 따라서 마음이 채워져 있으면 타인의 평가나 인정 없이도 명확히 자신이 해야 할 일을 가지고 목표를 향해 매진할 수 있지요. 게다가 그들은 불평불만을 하지 않습니다. 그럴 필요가 없기 때문입니다. '일어나는 모든 일의 책임은 내가 짊어진다'는 단호한 결의로 역경이나 시련과 맞섭니다. 그들은 무엇보다 얼굴빛, 얼굴 표정, 아우라가 남다릅니다. 배기가스와 달리 타인에게 깨끗한 에너지를 선사하지요.

예컨대 올림픽에서 금메달을 획득한 선수가 그렇습니다. 사진가로서 선수의 일거수일투족에 집중하다 보니 쉽게 느낄 수 있었지요. 사실 누가 금메달을 딸지는 현장에 있으면 시합 전에도 알 수 있습니다. 그들의 온몸에서 뿜어져 나오는 아우라는 다른 선수의 그것과는 압도적으로 다르지요. 강하고 자신에 넘치고 그리고 아름답지요.

만일 당신 주변에 그런 사람이 있다면 롤 모델로 삼으세요. 틀림없이 '성공에 이르는' 노력과 이어져 결실을 맺을 것이기 때문입니다. 설령 결과를 얻지 못하더라도 성취감과 상쾌함이 당신의 가슴에 남을 것입니다. 또한 노력하는 당신의 모습은 다른 사람들에게도 보다 깊고 강한 감동을 안겨 줄 것입니다.

변명하지 않고 온갖 고난과 장애에서 도망치지 않고(약간의 휴식은 별개로요!) 묵묵히 반짝이는 눈으로 목표를 향해 나아갈 때, 주위 사람들도 감명을 받아 도움을 주는 행운이 찾아오는 법이지요. 노력할 것이라면 이런 숭고한 노력을 해보지 않으실래요?

숭고한 노력을 하는 데 잊어서는 안 되는 다른 한 가지는 기쁨, 슬픔과 잘 지내는 것입니다. 많은 사람이 슬픔을 자기본위로 생각하기 십상이지요. '당신은 고생을 해보지 않았으니 내 슬픔을 알지 못한다.' '이토록 노력하는데 나는 아무것도 보상 받지 못했다. 이 고통을 누가 알까.'

종교평론가 히로 사치야의 책 《반야심경 88가지 이야기》에 유명한 비유가 있습니다. 어느 날 갑자기 자식을 잃고 비통해하는 어머니에게 석가모니는 아이를 되살릴 약을 만들어 주겠다고 약속하

노력은 외롭지 않아

지요. 그리고 그 어머니에게 약의 원료를 '지금껏 한 번도 죽은 자가 나오지 않은 집에서 받아 오라'고 시키지요. 어머니는 자식을 되살리기 위해 집집마다 돌며 죽은 사람이 나오지 않은 집을 찾습니다. 하지만 그런 집은 단 한 곳도 없었지요. 비로소 '슬픔에 빠진 것은 자신만이 아니라는 사실'을 깨닫게 됩니다.

슬픔이나 불행을 겨루기 시작하면 끝이 없지요. 그 결과 인생은 온통 변명으로 가득하게 되고 도전정신도, 운명이나 숙명에 도전하는 용기도 그리고 노력이라는 행동도 잃게 되지요. 슬픔이나 불행, 고통을 볼 때는 차라리 객관적이어야 합니다. 아무리 괴로운 상황일지라도 '나의 고통은 다른 사람에 비하면 아직 아무것도 아니'라는 마음으로 자신의 슬픔을 가장 낮은 위치에 놓지 않는 게 중요하지요.

한편 기쁨은 주관적이어도 좋습니다. 자신이 만족하고 행복하다면 포근한 이불 속에서 잠에 빠져 있기만 해도 좋지요. 반려견의 발바닥이나 귀에서 나는 냄새에도 사랑을 느끼고, 욕조에 몸을 담그고 행복을 느끼는 것도 좋지요. 남에게 폐를 끼치지 않는 것이라면 뭐든 상관없습니다.

따라서 기쁨은 주관적으로, 슬픔은 객관적으로 생각하세요. 노력할 때 이 점을 똑똑히 기억하면 독단에서 나온 잘못된 노력을 하지 않을 수 있습니다. 다만 타인이 시련을 겪고 있을 때는 '그런 고통에 빠지지 마라'거나 '그런 일로 기죽어선 안 된다'며 부정하지 말고 상대와 같은 시점에서 공감하세요. 그것이 진정한 우정이고 친절이지요.

내가 처음으로 유학한 곳은 예일 대학교의 로스쿨로, 다른 학부의 여학생과 다소 깊은 대화를 나눌 기회가 있었습니다. "사실 아이가 중증 장애아로 태어났을 때부터 병원에서 살다시피 한다"고 말하자 그녀는 "아무 도움도 줄 수 없지만 힘내세요"라며 눈물로 격려해 주었지요. 그 따스함은 지금도 가슴 깊이 남아 있습니다.

홀로 온 힘을 다해 숭고한 노력을 이어 가도 때로 움츠러들 때가 있습니다. 그때 타인의 친절한 말 한마디에 기운을 차리기도 합니다. 이 경험을 통해 시련에 빠진 사람과 같은 시점으로 보고 공감하는 것이 얼마나 중요한지를 비로소 깨달았지요.

노력은 외롭지 않아

노력은
근성이 아닌
과학

지금까지는 역경이나 시련을 극복하는 데 중요한 마음가짐에 대하여 이야기했습니다. 지금부터는 좀 더 구체적으로 '무엇을 어떻게 노력하면 좋은지'에 대하여 나의 경험을 토대로 이야기해 가려고 합니다.

노력이라고 하면 오늘날에도 근성이나 정신론과 연결 짓기 쉽고, 이것은 최근 몇 년간 문제가 되고 있는 체벌을 동반한 스포츠 교육과도 관련이 있지요. 그러나 노력은 근성이 아니라 '과학'입니다. 예컨대 피킹peaking(중요한 시합에 최상의 컨디션이 되도록 조정하는 것)이라는 방법이 있습니다. 또 매일 실시하는 트레이닝에서도 일류라 불리는 사람은 반드시 트레이닝의 내용, 질, 양을 의학적 견지에서 분석하고 최적의 상황에서 근육 트레이닝을 합니다. 더불어 멘탈 트레이닝, 이미지 트레이닝이라는 방식을 통해 정신적인 면에서도 '근성'이 아니라 마음을 강하게 만들기 위한 심리학, 뇌 과학, 의학적인 지식을 총동원하여 훈련하지요.

지인 중에 '팻 오프FAT OFF'라는 회사를 설립하여 체지방 관리 훈련을 실시하는 사람이 있는데, 체지방 관리를 실제로 과학적으로 지도합니다. 만화 《내일의 조》(복싱 만화로, 한국에서는 '허리케인 조'라는 제목으로 소개됨)와 같은 체중 관리 시대는 이미 과거에 끝난 것이지요.

노력은 사실 과학적인 측면이 뒷받침될 때 비로소 결실로 맺어지지요. 또한 요령과 질이 매우 중요합니다. 노력은 양과 질의 곱셈인 것입니다.

그렇다면 쓸데없는 노력은 불필요한 것일까요? 영리하고 요령 있게 땀내를 최소한으로 줄인 노력이 최고일까요? 사실 쓸데없는 노력이 필요하지 않은 게 아니라는 사실이 노력의 재미와 어려움입니다.

본디 역경에 도전할 때는 전례가 없는 일이 적지 않습니다. 전례가 있었다고 해도 그것이 자신에게는 맞지 않기도 하지요. 더불어 시대의 변화 속도에 따라 과학이 급속하게 진화하는 것처럼, 비즈니스이든 스포츠든 시험공부든 방법론은 그 시대가 요구하는 난이도

노력은 외롭지 않아

에 따라서도 크게 달라집니다. 즉 무엇이 쓸데없는지는 몸소 해보지 않으면 알 수 없습니다. '낭비가 없는 작업은 허튼 경험을 하지 않고는 이뤄 낼 수 없다'고 하는 모순이 따르게 마련이지요. 처음에는 쓸데없는 짓인지 아닌지 알 수 없습니다. 그 쓸데없다고 생각하는 부분이 사실은 매우 중요한 경우도 적지 않지요. 일류 기업 경영자들의 체험담을 읽으면 반드시 회사 생활 중에 좌천을 경험하거나 자신이 바라지 않았던 부서로 발령을 받거나 의미를 알 수 없는 일로 고민한 시기가 있지요. 그런데 그것이 세월이 흐른 뒤에 크게 활용되는 것을 알 수 있습니다. 신이 아닌 이상 우리는 무엇이 플러스가 되고, 무엇이 쓸데없는 일이 될지 모릅니다.

쓸데없는 짓을 하는 경험이 필요한 것은 비단 우리만이 아닐 것입니다. 노벨상을 수상한 대부분의 과학자가 실패를 거듭하는 가운데, 그 실패가 성공을 낳은 싹이었다는 사실을 나중에 비로소 깨닫기도 합니다. 결국 영리하고 요령 좋은 것만이 노력과 성공의 열쇠는 아닌 것이지요.

'한결같지만 그러나 과학적이어라!'

이것이 노력에 있어 중요한 태도입니다. 실패는 많을수록 자신의 피와 살이 되어 보탬이 됩니다. 그렇기 때문에 실패가 허락되는 젊은 시기에 한결같이 노력할 필요가 있습니다. 40대, 50대로 나이를 먹은 뒤에 실패하면 되돌릴 수 없는 경우가 많지만, 젊은 시절의 실패는 대부분 미래를 위한 양식이 되지요. 나서서 실패할 필요는 없지만, 'try & error'는 과학적인 노력에 없어서는 안 된다는 걸 명심하세요.

누구도 아닌 자신을 위해 노력하라

자신은 노력하고 있는데, 상사나 다른 사람으로부터 '노력이 부족하다'는 말을 계속해서 듣는다면 주의가 필요합니다. 그렇게 계속 '더 노력하라'는 말을 듣는 경우에는 두 가지가 있습니다. 하나는 자신이 안이한 경우입니다. 대개 자신에게 문제가 있어도 한두 번 지적을 받으면 그 원인을 알아차립니다. 하지만 계속하여 지적 받는다면 자신이 그 일을 '진정 원하지 않는' 경우가 대부분이지요. 결국 하기 싫은데도 하는 것입니다. 그런 경우에는 일찌감치 전직, 전향을 생각하는 게 본인을 위한 것일지 모릅니다. 노력이 부족한지 아닌지는 타인의 지적을 통해서가 아니라, 본인 스스로 깨닫는 것이지요.

사실 '노력이 부족하다'고 계속 지적 받는 경우에 이따금 지도하는 상사나 선배에게 문제가 있는 경우도 있습니다. 일하는 당사자가 스스로 '깨우치도록' 지도하지 못했기 때문이지요. 이것이 두 번째 경우입니다. 그런 의미에서 상사나 회사로부터 '죽을 각오로 일하라,

하루 24시간 오로지 일하라'는 말을 계속해서 듣는다면 자신의 문제라기보다 명령하는 쪽의 문제로 보는 게 맞을 것입니다. 세상 사람들이 흔히 말하는 악덕 기업이 즐겨 써먹는 수법이지요.

나는 경험상, 특히 젊은 시절에는 죽을 각오로 일하는 것, 하루 24시간 일에 매진하는 것이 매우 중요하다는 것을 압니다. 단, 이것은 타인이 강요하는 것도, 강요받아야 하는 것도 아닙니다. 오히려 이런 일은 강요해서는 안 되지요.

사명감에 불타 체력이나 기력의 한계까지 최선을 다하는 경험이 없다면 우리는 결코 일류가 될 수 없습니다. 좋은 결과도 얻지 못하지요. 그러나 노력은 남을 위해서 하는 게 아닙니다. 만일 남을 위해서 노력한다면 그것은 단순히 이용당하는 것일 뿐입니다. 그 결과는 우울증이나 과로사로, 대개 자기 성장으로 이어지지 않습니다. 그런 잘못된 노력은 단순히 불상사나 법률 위반을 증가시킬 뿐이지요.

그러나 그와는 다른 관점에서 밤샘 작업을 이어 가거나 휴식 없이 일만 하는 경험을 젊은 시절에 꼭 해보라고 권하고 싶습니다. 동시에, 진짜 재능이나 솜씨는 한두 해에 익힐 수 있을 만큼 간단하지 않다는 것을 알아야 하지요. '1만 시간 연습하면 어떤 분야에서도 프로가 된다'는 말이 있듯이 장기전을 치르지 않으면 절대 일류가 될 수 없습니다. 그런 의미에서는 단기뿐 아니라 중장기적인 시간 관리가 성공을 좌우한다고 말할 수 있습니다.

그렇지만 오해하지 말아야 할 것이 있습니다. 자신을 죽이고 몸도 마음도 피폐해진 상황에서는 고객에게 기쁨을 선사할 수 없지요. 비즈니스에서도 종업원의 만족 없이 고객의 만족이 없듯, 자신을 희생하고 타인을 위해 무엇인가를 해도 결과적으로는 타인을 위한 일도 되지 않습니다. 그런 방식으로는 수준 높은 성과를 이뤄 낼 수 없기 때문이지요. 우리 변호사들은 의뢰인을 위해 밤새워 일하기도 합니다. 프로로서 당연한 일이지만, 그것은 사명감에 불타 고객과 함께 싸우기에 가능한 일이지 자신을 희생해 밤새우는 것은 아니지요. 아무쪼록 이 점을 오인하지 않았으면 좋겠습니다. 악덕 기업에서 일회용으로 쓰이다 버려지고 장기판의 말처럼 일하는 경험으로도 조금은 배울지 모릅니다. 하지만 잃는 게 훨씬 더 많습니다.

한결같이, 그러나 과학적으로 자신을 위해서 노력하세요. 단기간뿐 아니라, 중장기적인 시간 관리도 잊지 말고요. 노력은 강요할 수 있는 것도, 강요받아야 할 것도 아닙니다. 스스로 적극적으로 나서서 자신을 위해, 자신의 사명이나 목표를 달성하기 위해 행해야 하는 것입니다.

노력은 외롭지 않아

있는 그대로의
자신으로
승부하라

노력하는 과정에서 또 한 가지 어려움은 있는 그대로의 자신으로 승부하는 것입니다. 사실, 이게 매우 어렵습니다. '말하기는 쉽지만 실천하기는 어렵다'는 말처럼요. 나도 옛날에는 그랬습니다. 고등학교 시절에 큰 병을 앓고 실연을 하고 자신을 잃었을 때 무심코 나를 크게 보이려고 허세를 떨던 시기가 있었지요. 부끄럽지만 그 이후에도 간혹 허세를 부린 적이 있어서 그 기분을 잘 압니다.

있는 그대로의 자신으로 승부하기 위해서는 어떻게 하면 좋을까요? 자신을 크게 보이려는 태도는 사실 교만, 열등감, 공포에서 옵니다. '나는 좀 더 평가 받아야 한다.' '내가 인정받지 못하는 것은 상대(사

회)가 나쁘기 때문이다.' '마침 운이 나빴다.' '저 사람만 인정받다니 아무리 생각해도 불공평하다.'

입 밖으로 말하든 속으로만 생각하든 이런 때는 불평불만이 끊이지 않는 상태에 빠집니다. 언제나 한 걸음 뒤로 물러서 있는 상태로, 스스로 모든 책임을 질 용기나 기개는 없습니다. 실패가 두렵기 때문이지요. 앞에서 평가를 좇는 노력은 '아름답지 않다'고 말했는데, 이런 때는 바로 '정적'인 노력이 부족한 경우입니다. 숙명을 깔끔하게 받아들이는 마음이 부족한 거지요.

그렇다면 어떻게 하면 좋을까요? 있는 그대로의 자신으로 승부하기 위해서는 역시 자신의 사명을 깨달아야 합니다. 남은 남, 나는 나. 어떤 역경에 내몰려도, 어떤 시련이 찾아와도, 거기에는 의미가 숨어 있습니다. 그 의미를 이해했을 때 비로소 나의 역할을 명확히 인식할 수 있습니다. 살아가는 일에서 우리의 존재 의의는 역할 분담 그 자체라 해도 과언이 아닙니다. 이 사실을 안다면 타인과 비교하거나 평가를 무리하게 좇거나 한껏 자신을 크게 보이려는 허세를 부리지 않게 되지요.

'내게 주어진 숙명 안에서 사명을 올바로 완수하기 위해서는 어떻게 하면 좋을까?'

이런 생각을 하게 된다면 오직 자신만이 할 수 있는 일을 모색하게 됩니다. 이것이 인생의 블루오션 전략이기도 하고, 독자적인 부가가치를 창출하는 것이기도 하지요. 이러한 발상은 무엇인가에 맡긴다, 의탁한다는 마음가짐과도 밀접한 관계가 있습니다. 자신의 역할을 다하는 숭고하고 아름다운 노력을 했다면 이후는 모두 내려놓으세요. 만일 덤으로 무언가가 주어진다면 기쁘고 즐거운 마음으로 받아들이면 됩니다. 그런 마음일 때 오히려 기적을 불러오고 결과를 얻기도 쉬워집니다.

있는 그대로의 자신으로 승부할 것. 이것이 숭고한 노력을 이어가기 위한 비결이 아닐까요?

귀담아 들어야 할 타인의 평가와 무시해야 할 타인의 평가

사무라고우치 마모루(일본의 사기 작곡가, 청각 장애인으로 가장하여 많은 명곡을 발표하였지만 모두 대필 작가에 의한 것이었다 - 옮긴이)의 문제, STAP 세포(자극야기성 다성능 획득 세포로 오보카다 하루코에 의해 논문이 조작되어 마치 실제로 존재하는 세포인 양 발표되었다 - 옮긴이)의 문제와 관련한 칭찬과 비방과 중상이 SNS를 뜨겁게 달군 것에서도 알 수 있듯이 타인의 평가나 조언 중에는 믿을 수 없는 게 많지요. 반면 일류 코치나 스승은 다른 시점에서 적확하고 애정 있는 조언을 해주기도 합니다. 그렇다면 이들을 어떻게 구별하면 좋을까요?

먼저 조언하는 사람이 자신에 대하여 '애정'을 가지고 있는지를 판단해야 합니다. 함께 싸워 줄 사람인지, 마음의 든든한 의지처인 지를 말이지요. 물론 때로는 알 수 없는 경우도 있지만 일단은 믿고 그 관점에서 살펴보세요. 그러면 얼핏 그럴듯하게 들리는 말도 실상 은 나를 위한 게 아니라 세상의 이목이나 조언하는 사람의 이익이나 입장을 위한 것임을 알 수 있지요. 반대로 혹독한 말로 나를 질책하 지만 진심으로 나의 성장을 바라고 조언해 주는 사람일지도 모릅니 다. 그 과정에서 판단하기 주저된다면, 회사(학교), 가정, 친구의 조 언과 그들과 무관한 사람의 평가나 조언이 일치한다면 일단 받아들 이는 것도 좋지 않을까요?

때론 적당히 흘려들어도 좋은 말이 있습니다. 인터넷상에서 난 무하는 익명의 무책임한 비난이나 비판은 깡그리 무시해도 됩니다. 그러나 익명이나 생각이 비뚤어진 사람의 비난이나 평가가 아닌 이 상 어떤 조언이나 비판이든 '일리가 있는 생각이구나' 하는 정도로 참고해 보는 것도 나쁘지는 않을 것입니다. 왜냐하면 그 의견에 자 신이 미처 보지 못한 것이 들어 있기도 하기 때문이지요. 대개 오해 이지만 왜 그런 오해가 생겼을까, 내 관점이 잘못되었던 것은 아닐 까 하고 객관적인 시점에서 자기 자신의 행동을 돌아보면 많은 것을 얻을 수 있기 때문입니다.

동적인
노력을 하는
방법

'동적'인 노력을 실천하는 데 명심해야 할 것이 있습니다. 자, 이제 그것에 대하여 설명해 보지요.

1. 감수성을 높인다

똑같은 일을 여러 차례 반복하는 것은 물론 필요합니다. 그러나 노력의 질을 비약적으로 높이는 데는 '창조성'과 '새로운 방법의 고안'이 중요하지요. 있는 그대로의 자신을 전제로 라이벌과의 차이를 벌리기 위해서는 자기 나름의 방식으로 노력하지 않으면 안 됩니다. 그를 위해서는 '감수성', '감도'를 높이거나 '다양한 시점'을 확보해야 합니다.

그럼 어떻게 하며 좋을까요? 가능하다면 성취를 이루고자 하는 전문 분야 외에도 관심을 가져야 합니다. 당신의 전문 분야를 보다 깊이 탐구하기 위해서는 당연한 일이지요. 전문 분야 외의 분야에 얼마만큼 흥미를 가지는가, 지식을 가지는가? 스포츠나 학문을 비롯한 모든 분야에서 이 자세는 매우 중요합니다. 신경을 집중했을 때와 릴렉스 상태일 때의 균형도 중시하지요. 그런 의미에서 명상은 매우 효과적입니다.

'동적'인 노력은 과학과 영감이 맞물렸을 때 질 높은 것으로 진화합니다.

2. 두 마리 토끼를 쫓아라

당신의 기초와 토대를 만들 때까지는 몸과 마음을 다하여 노력해야 하지요. 이건 '기본 중의 기본'입니다. 그러나 그 이후로는 두 마리 토끼를 쫓을 때 오히려 즐거운 마음으로 노력할 수 있지요. 무엇보다 싫증이 나지 않습니다. 두 가지 일을 병행하다 보면 일하는 데 새로운 아이디어가 샘솟아 본업에도 좋은 효과를 얻습니다. 문무겸비가 그 좋은 예입니다.

프로 스포츠 선수는 두 마리 토끼를 쫓는 게 어렵지만, 일례로 수영 중 여러 종목에 출전하여 금메달을 따는 선수는 단순히 재능이

노력은 외롭지 않아

많아서라기보다는 두 마리 토끼를 쫓는 가운데 창조성을 발휘하였다고 볼 수 있습니다. 베이징 올림픽에서 금메달 여덟 개를 획득한 미국의 마이클 펠프스 선수가 그 좋은 예입니다. 스노보드의 신이라 불리는 미국의 존 화이트 선수처럼 실업가로서 큰 성공을 거둔 사람도 있지요. 비즈니스 세계에서도 본업 외에 부업으로 크게 성공한 사람이 많습니다.

'두 마리 토끼를 쫓음으로써 세 마리 토끼를 얻는' 일도 충분히 가능하지요.

3. 마음껏 즐긴다

'정적'인 노력이든 '동적'인 노력이든 힘든 건 매한가지입니다. 힘겨운 상황을 극복하는 하나의 키워드는, 인생을 즐길 수 있을 때 마음껏 즐겨 두는 것이지요. 나의 유년기, 초등학교 시절, 중학교 초반까지는 정말로 매일이 즐겁고 행복했지요. 또 사법시험에 합격한 이후 7년간도 매우 행복했습니다. 이런 시기가 있었기에 도저히 왜 이런 시련이 내게 일어났는지 납득이 되지 않을 때도 어떻게든 견뎌 낼 수 있었습니다. 그러나 그 같은 기회를 만드는 것은 순전히 당신에게 달렸지요. 따라서 기회가 찾아왔을 때는 진심으로 감사하고 한껏 즐기세요.

일본인(아마 한국인도) 대부분은 인생을 즐기는 데 서툰 게 사실입니다. 왠지 모를 죄의식을 느끼기도 하는데, 그건 잘못된 생각입니다. 유급 휴가를 받아 인생을 즐기는 사람이 여전히 소수에 그칩니다. 여하튼 즐길 수 있을 때 마음껏 즐길 것. 힘든 일은 내버려 둬도 어느 날 갑자기 찾아올 테니까요.

4. 혼자 차지하지 않고 나눈다

마음껏 즐기는 요령은 감사하는 마음에 있습니다. 흥청망청 노는 어리석은 사람과 인생의 수확기를 값어치 있게 보내는 사람의 결정적인 차이는 자신을 찾아온 기회, 자신이 지금 놓여 있는 자리에 솔직히 감사하는 마음에 있습니다. 노력을 다한 뒤에 무엇인가에 결과를 맡기는 마음도 감사입니다. 그런데 즐거움이나 수확을 모두와 함께 나누면 결과가 두세 배가 되어 당신 곁으로 되돌아옵니다. 도덕이나 종교 등의 거창한 것이 아니라 나의 경험에서 깨달은 것입니다. 감사하는 마음은 '동적'인 노력을 한층 결실 있는 것으로 만들어 주는 마법의 도구이지요.

5. 자신 이외의 사람에게도 힘을 안겨 준다

노력은 남을 위한 것이 되어서는 안 된다, 어디까지나 자신을 위한 것이어야 한다고 말했습니다. 그러나 숭고한 노력은 타인에게 감동을 선사하고 살아갈 용기를 준다고도 말했습니다. 노력의 결과는 결코 자신만을 위한 것이 아닙니다. 역경이나 시련이 닥쳐와 이러지도 저러지도 못하는 상황에 내몰린 적이 있는 사람들이 '세상에 큰 영향을 미친다'는 것을 알아야 합니다. 당신의 노력이 당신 자신은 물론 주위 사람을 그리고 이 사회를, 전 세계의 사람들을 감동시키는 거지요. 많은 시련을 딛고 재기하기 위해 노력해 온 사람만이 세상의 문을 열 수 있는 것이지요.

그 같은 자격이나 기회는 죽을힘을 다해 역경을 겪어 낸 사람에게 우선적으로 주어집니다. 당신의 힘을 자신을 위해 그리고 세상을 위해 불태워 보세요.

6. 라이벌을 가져라

피겨 스케이팅의 김연아 선수와 아사다 마오 선수, 조금 더 거슬러 올라가면 야구계의 나가시마 시게오와 왕정치(오 마사하루)처럼 위대한 스포츠 선수에게는 반드시 라이벌이 존재하지요. 비즈니스 세계에서도 마찬가지입니다. 질투심이 아니라 서로가 서로를 끌어 주는 그런 존재가 역시 필요하지요. 그런 의미에서 건전한 경쟁을 배제한 미적지근한 상태에서는 무언가를 실행에 옮겨도 결코 큰 성공을 거둘 수 없지요. 라이벌의 존재는 1 + 1을 3으로도 4로도 만들어 줍니다. 그리고 라이벌이 자신을 성장시킵니다.

라이벌의 사이가 나쁜 경우도 적지 않습니다. 그러나 서로가 서로를 존경하는 일도 흔하지요. 앞에서도 말했던 만화《거인의 별》의 호시 휴마와 하나가타 미츠루, 빌 게이츠와 고 스티브 잡스가 그렇지 않을까요?

라이벌의 존재는 '동적'인 노력의 질을 비약적으로 높여 줍니다.

7. 환경의 중요성을 깨닫는다

예일 대학교에서 유학했을 무렵 가장 놀란 것은 재학 중인 학생들이 엄청난 양의 공부를 하고 있다는 사실이었습니다. 많은 학생이 검소한 차림으로 큰 배낭에 두꺼운 책을 넣고 도서관이나 교내를 오갔습니다. 마치 거북이 같아서 뒤로 자빠지면 혼자서 일어설 수 없을 만큼 무거운 책들을 짊어지고 있었지요.

그들이 그만큼 공부하게 된 데는 '환경'의 힘도 크게 작용했으리라 생각합니다. 예일, 하버드, 스탠퍼드, 컬럼비아, 시카고 대학교 등 미국 일류 대학의 캠퍼스 분위기는 '멋지다'는 그 한 마디밖에 나오지 않습니다. 그 밖에도 멋진 대학들은 많지만, 여기서는 내가 직접 본 몇몇 대학만 언급해 봤습니다.

그곳에 있으면 어느 누구라도 공부할 마음이 생깁니다. 4년간 그리고 이후 2, 3년간을 이들 캠퍼스에서 지내니 저절로 긍지가 생기더군요. 이런 환경에서는 자신의 라이벌도 찾아내기 쉽지요. 이들 대학에 한하지 않고 어느 분야라도 좋으니 가능하면 최고의 환경에

노력은 외롭지 않아

당신을 두고 자기 자신을 연마해 보세요.

8. 약·술에 필요 이상 의존하지 않는다

우울병에 걸렸으면 약물로 치료하는 것도 중요합니다. 그러나 잊어
서는 안 되는 게 있습니다. 약으로 마이너스를 제로로 회복할 수는
있어도 결코 지속적인 플러스를 얻을 수는 없습니다. 신념이나 '동
적'인 노력은 약물로 만들어지지 않습니다. 자기 자신이 만들 수밖
에 없습니다. 술도 그렇지요. 하물며 위법적인 약물은 전혀 도움이
안 됩니다. 마이너스를 더욱 마이너스로 만들 따름입니다.

'정적'인 노력이나 휴식은 결코 도망치는 게 아닙니다. 중용을 기
억해야 하지요. 하지만 마약은 물론 약물이나 술에 의존하는 건 단
순히 도망치는 것일 뿐이지요. 합법적인 약이 필요해도 최소한에 그
쳐야 합니다. 그도 안 된다면 모든 것을 버리고 휴식을 취하세요. 여
행을 떠나 보세요. 어느 사이엔가 우울병은 말끔히 사라져 있을 테
니까요.

나 자신도 첫 번째와 두 번째 휴식을 하는 동안에 시레토코에서
유빙을 보고 타히티에서 돌고래와 만나면서 우울한 마음을 말끔히
씻어 낼 수 있었습니다. 두 번째 휴식에 들어가기 전에는 약을 처방
받기도 했는데, 여행에서 돌아온 뒤로는 약에 의존하지 않아도 되어
그대로 쓰레기통에 버렸지요.

6장.

노력 후에

사랑과 노력은 내려놓을 때 완성된다

숭고한 노력을 한 뒤, 모든 것을 내려놓을 수 있나요?

처음부터 알았어. 노력이 보상 받지 못하리란 걸……
처음부터 알았어. 기적은 일어나지 않을 거란 걸……

맞아요, 기적은 모든 사람에게 일어나는 게 아니지요.
그러나 노력한 뒤에 찾아온 기쁨이 기적은 아닐까요?
Play Hard, Stay Cool!

나를 지탱하는 힘, 과거의 노력과 긍지

자, 드디어 부활의 나팔이 울릴 때가 왔습니다. 노력을 완성하기 위해 무엇을 해야 하는지에 대해 생각해 보지요.

소치 올림픽에서 아사다 마오 선수는 피겨 스케이팅의 쇼트 프로그램에서 큰 실수를 했습니다. 하지만 프리 프로그램에서 멋진 경기를 보여 주어 우리를 매료시켰지요. 나는 사진가로서 촬영하는 입장에 있었기에 실수하는 모습도, 그것을 딛고 일어선 모습도 직접 보았습니다. 그 모습을 보고 정말이지 온몸에 전율이 흘렀지요. 물론 선수로서 금메달을 따지 못한 원통한 마음을 씻어 낼 수는 없었을 것입니다. 그러나 그 모습은 실패 앞에서도 어떻게 최선을 다해야 하는지를 보여 주었습니다. 인생에 실패는 당연히 따르는 법이지요. 인생에 성공만 있고 실패는 하지 않는 사람은 단 한 사람도 없습니다. 아사다 마오 선수의 말처럼 '되돌릴 수 없는 일을 해버린' 뒤이기에 오히려 그 사람의 진가가 발휘되는 것이지요.

그렇다면 역경에 처했을 때, 거기서 빠져나오려면 무엇이 필요할까요?

그것은 바로 '과거의 노력'입니다. 다시 일어서도록 북돋워 주는 것은 지금까지 자신이 해온 과거의 동적·정적인 노력과 한 번 부서졌지만 다시 성장하고 진화해 왔다는 자부심과 긍지이지요. 소치 올림픽에서 마오 선수 역시도 쇼트 프로그램에서 프리 프로그램까지 열 시간 동안 '밴쿠버 이후 4년 동안 내가 해온 것은 무엇인가? 초심으로 돌아가자'며 자신과 대화를 나눴다고 하더군요. 절벽 끝에서 나락으로 곤두박질치는 최후의 순간에 의지할 건 자기 자신밖에 없지요. 아무리 힘들고 고통스러워도 스스로 해결하는 수밖에 없지요. 아무도 도와줄 수 없는 상황에서 다시 결전에 나서는 그녀에게 든든한 지지대가 되어 주었던 것은 이제까지의 노력과 가슴속에 간직한 긍지가 아니었을까요?

나는 가정이 무너지고 병에 걸렸던 고교 시절에는 다시 일어서기까지 2년, 그리고 장애를 가진 아들을 낳고 저세상으로 떠나보낸 후엔 무려 10여 년의 세월이 필요했습니다. 내가 다시 일어설 수 있었던 것은 마지막 보루였던 자신에 대한 긍지 때문이었습니다.

'지금껏 어떤 역경도 질병도 모두 이겨 냈고, 장학금을 받으면서도 공부와 일을 병행했고, 대학 3학년부터는 사법시험에 올인했다. 이런 내가 여기서 주저앉을까 보냐!'

이처럼 이제까지의 노력과 자긍심이 나를 지탱해 주었지요. 내가 가난한 환경에서도 공부에 몰두하지 않았다면, 유유자적 고등학교, 대학교 시절을 보내며 물려받은 재능으로 편안히 사법시험에 합격했다면, 아마 아들의 탄생과 죽음이라는 시련에 정신적인 충격을 받고 끝내 이겨 내지 못했을 것입니다. 1장에서 말하였듯, 신념이 계속 노력하는 힘을 불어넣어 주는 것만은 확실합니다. 그러나 그와 동시에 노력은 신념을 열렬히 지탱해 주는 양식이 되지요. 역전을 가능케 하는 힘은 노력의 대가나 보상이 아니라 노력 자체에서 나오는 것입니다.

마지막에
내려놓는 마음

역전을 이뤄 내기 위해서는 '동적'인 노력뿐 아니라, 과거의 '정적'인 노력 그리고 거기서 생긴 긍지가 중요한 역할을 맡지요. 이때 또 큰 힘이 되는 것이 운과 기적입니다. 어떻게 하면 운과 기적을 불러올 수 있을까요?

하나님도 부처님도 좋고, 어떤 위대한 사람이나 인간의 인지를 훌쩍 뛰어넘는 존재라도 좋으니 자신이 컨트롤할 수 없는 어떤 존재에 노력 이후의 모든 것을 맡깁니다. 그들과 혼연일체가 되세요. '맡긴다'는 것은 정열과는 반대에 놓인 것으로, 모든 것을 받아들이고 의탁하는 따스하고 여유로운 마음이라고 1장에서 이미 말했습니다.

이처럼 무언가에 마지막을 맡기고 의탁하는 것은 무조건 신에게 매달리는 것과는 다릅니다. 단순히 포기하는 게 아니라 겸허에서 우러나오는 마음이지요. 그것은 감사하는 마음이기도 합니다.

타인을 자신의 뜻대로 움직이려고 할수록 그 일은 더욱 어려워집니다. 결과나 운명도 마찬가지로, 마음대로 하려고 하면 할수록 뜻대로 하기가 어려워집니다. 모든 것을 맡기고 감사하는 겸허한 마음이 분발할 힘을 주어 오히려 생각지도 못한 주위의 지원을 받게 만들 때도 있지요.

앞장에서도 말했지만 노력은 자칫 한 발만 잘못 내디뎌도 자기 중심적인 것으로 빠지기 쉽지요. '이토록 노력했는데', '내 노력을 알아주지 않는다', '보상 받지 못하다니 불공평하다' 등등 자신이 할 수 있는 일, 마음대로 할 수 없는 일을 잊고 무슨 일이든 다 이룰 게 틀림없다는 착각이나 오만함에 빠지기 쉽습니다. 그러니 자신을 지지해 주는 사람도 따르지 않고, '그럼 마음대로 하세요', '좋을 대로 하시라고요'라는 빗나간 반응만이 돌아오지요.

또한 목표 달성까지 앞으로 한 걸음만이 남은 시점에서 이번에는 다른 악마가 속삭이기 시작합니다. "절대 이길 수 없어." "여기서 지면 지금까지의 노력이 모두 물거품이 돼버린다고." "기대에 부응해야만 해." 이런 부담감 속에서 원하는 결과를 얻지 못할 것이라는 공포가 엄습해 오지요.

노력은 외롭지 않아

따라서 마지막에는 다시금 모든 것을 '내려놓는' 일이 아무래도 필요합니다. 단 여기서 말하는 내려놓는 것은 휴식할 때 내려놓는 것과는 의미가 다릅니다. 휴식할 때 내려놓는 것은 마이너스를 제로로, 혹은 플러스로 되돌리기 위한 것입니다. 반면 마지막 단계에서 내려놓는 것은 플러스를 더욱 플러스로 만들기 위한 것이지요.

과거의 기쁨도 슬픔도 아픔도 나아가 신념조차도 마지막에는 내려놓습니다. 그러는 가운데 어쨌든 여기까지 역경을 딛고 올라올 수 있었던 것에 감사하고 그 이상의 것은 생각하지 않습니다. 이 경지에 이르면 허세도 걷혀 기적이라 불릴 최고의 성과를 낳을 준비가 갖춰집니다.

'정적'인 노력을 거친 뒤(때로는 노력의 휴식도 거쳐) 숭고한 '동적'인 노력으로 매진하였다면 나머지는 운이 저절로 이끌어 줍니다. '인사人事를 다하고 천명天命을 기다린다'는 말이 노력의 중요한 키워드인 것이지요. 타오르는 투지와는 얼핏 모순되는 의탁하는 마음, 혹은 고마움과 무無의 경지라는 마음가짐이야말로 노력을 가장 잘 살리는 방법이 아닐까요?

운은 노력과 떼려야 뗄 수 없는 단짝이자 최대 장벽이기도 합니다. 그것을 불러들이기 위해서는 Play Hard, Stay Cool!

운, 좇지 말고 불러오라

숭고한 노력을 마친 뒤 승리의 여신이 짓는 미소에 대하여 잠시 생각해 보지요. 종교평론가 히로 사치야가 재미있는 비유를 하고 있습니다. 대다수 일본인은 '신에게 매달리는' 것을 좋아하여 기도하면 결과를 얻을 수 있다고 생각합니다. 이것을 두고 히로 사치야는 '자동판매기형 종교관(돈을 넣으면 캔 커피가 나오듯)'이라고 표현하고 있지요(《히로 사치야가 들려주는 신약성서》 중에서). 한편 유대교의 유일신 야훼는 '기분이 좋을 때는 매우 좋지만, 일단 기분이 상하면 사납게 호령한다', '기분의 기복이 그야말로 들쭉날쭉. 어떤 법칙도 없고 까다롭다'며 유머러스하게 '산신설山神說'을 주장하지요(어째서 산신에 비유했는지는 《히로 사치야가 들려주는 유대교의 성전》을 참조해 주세요).

노력과 결과의 관계에 있어서는 '자동판매기형'보다는 '산신형'이 더 잘 맞습니다. 자신의 한계까지 모든 노력을 다했을 때, 예기치 않은 행복이 찾아오거나 신의 장난으로 결과가 주어지기도 하지요. 자신의 힘을 100퍼센트 쏟아부었을 때 120퍼센트의 결과가 주어지는 일을, 숭고한 노력을 행한 대다수 일류 선수나 일류 비즈니스맨이라면 누구나 경험해 봤을 것입니다. 그러나 현실에서는 100퍼센트 노력해도 승리의 여신이 미소를 지어 주지 않는 일도 엄연히 존재합니다. 그렇다면 어떻게 하면 좋을까요?

노력은 외롭지 않아

마치 룰렛처럼 어떤 결과가 나올지 모릅니다. 그야말로 신만이 알고 있는 것이지요. 승리의 여신은 어느 날 돌연 찾아오는 법이지요. 언제 찾아올지, 찾아오기는 할지, 그 어느 누구도 알지 못합니다. 적어도 신이 아닌 우리로서는 그렇지요. 따라서 우리가 모르는 것에 대해서는 이런저런 생각을 하지 말아야 합니다. 행운은 숭고한 노력을 다했을 때만 주어지는 기쁨입니다. 이를 테면 '덤'이나 '상' 같은 것이라 해도 좋겠지요.

아무리 강한 신념을 가져도 기적이 찾아올지 어떨지는 알 수 없습니다. 그러나 기적이 찾아올 준비, 숭고한 노력을 게을리하지 말아야 하지요. 기적을 불러올 준비는 스스로 하지 않으면 안 됩니다. 심통꾸러기 기적을 불러오기 위해서는 '어쩌면 노력의 대가로 멋진 결과가 덤으로 주어질지 모른다' 정도의 마음가짐으로 느긋하게 대비할 필요가 있습니다.

돈과 노력의 관계

'노력과 기적'의 관계는 '노력과 돈'의 관계에도 그대로 적용됩니다. 돈 없이 노력은 결실을 맺기 힘들지요. 운동이든 자격시험이든 재력은 노력을 결과로 바꾸는 데 매우 중요한 요소이지요. 그러나 기적과 같아서 결코 좇아서는 안 됩니다. 오히려 숭고한 노력에 매진하면 반드시 돈은 저절로 따라오게 되어 있지요.

나는 아버지의 사업이 망하고 집을 잃었을 때 학비를 보조 받아 어떻게든 대학에 다녔습니다. 고등학교를 졸업하면서 모두 앞에서 장학금을 받았을 때는 사실 매우 부끄러웠습니다. 돈 때문에 어려움을 겪은 적이 없던 나로서는 처음 맛보는 굴욕감이었지요. 그러나 변호사가 되어 해외로 공부하러 가서 많은 학생들이 장학금을 받으며 자신의 힘으로 면학에 힘쓰는 모습을 보았을 때, 역시 장학금을 받으며 욕조도 없는 허름한 목조 아파트에서 한눈도 팔지 않고 사법시험 공부에 매진했던 대학 시절의 나 자신이 매우 자랑스럽게 느껴졌습니다. 좋을 대로 해석하자면 나는 이미 오래전부터 '글로벌 스탠더드'였던 것이지요. 따라서 학비를 보조 받으며 면학에 힘쓰는 젊은이에게 "당당히 도움을 받고 세상을 향해 날갯짓하라! 너희들이 앞으로의 세상을 바꾼다!"고 소리쳐 말해 주고 싶습니다.

대학을 잠시 휴학했을 때에는 꽤 수입이 좋은 가정교사로 일했습니다. 재학 중에도 대우가 좋은 가정교사 자리를 맡기도 했지요. 변호사가 된 이후에는 또래에 비하여 꽤 윤택한 생활을 하고 있었는데, 아들이 아픈 몸으로 태어나면서 또다시 변화를 겪었지요. 예일 대학교 로스쿨로 유학을 떠났을 때는 정말이지 거의 빈털터리 학생으로 돌아가 있었지요. 유학 당시 몸담고 있었던 법률사무소에서 생

노력은 외롭지 않아

활비를 보조 받았지만 동료로 함께 근무하던 시절에 비하면 소액이었지요. 게다가 당시 나의 아내와 입원 중이던 아들을 일본에 남겨 두고 온 터라 미국과 일본을 오가며 생활하는 데 드는 비용, 입원 치료 중인 아들의 병원비도 들었을 뿐 아니라, 미국에서 보다 좋은 치료를 받게 하겠다는 일념으로 예일, 하버드의 아동병원을 비롯해 코네티컷의 아동병원, 장애아 전문병원을 샅샅이 방문하는 데도 돈이 필요했지요. 게다가 미국에 체류하는 중에 아들이 여러 차례 위독해지기도 하여 미국과 일본을 수차례 오가지 않으면 안 되었지요.

당시 비행기 표는 결코 싸지 않아서 적금을 깨면서 견뎠습니다. 하지만 학비를 면제 받거나 친한 예일 의과대학의 친구가 차로 통학시켜 주는 등 끊임없이 지인들의 도움을 받았지요. 반면 두 번째 유학 때는 퇴직금 덕분에 정말로 여유롭게 노력의 휴식 시간을 보낼 수 있었지요.

돈은 예기치 않은 순간에 언제든 따라옵니다. 따라서 돈은 좇는 게 아니지요. 다만 돈에 감사하고 나머지는 그저 맡기는 거예요. 그렇게 하면 노력에 필요한 돈은 반드시 당신의 손안으로 들어올 것입니다.

대가를
바라지 않는
사랑과 노력

정적·동적인 노력이 얼마나 중요한지 이미 아셨을 겁니다. 그러나 세상에는 동적인 노력으로는 도저히 감당할 수 없는 일도 있지요. 예를 들어, 결과가 따르지 않는 정도가 아니라 애초에 결과를 얻지 못하리라는 걸, 노력해도 아무 보상도 받지 못하리라는 걸 알 때도 있지요. 그런 일에도 과연 노력은 필요한 것일까요?

아들이 입원했던 3년 10개월 동안 아이는 집중 치료실과 일반 병동을 오갔습니다. 일반 병동에서는 큰 방에 여섯 명의 아이가 함께 지냈지요. 오후가 되면 부모의 면회가 허락되었는데, 나는 업무 관계로 평일에는 아이를 만나러 갈 수 없었지요. 그래도 주말에는

노력은 외롭지 않아

꼭 병원을 찾았습니다.

그러나 사실 내 마음속은 복잡했습니다. 아들의 의식은 원래부터 거의 없었습니다. 눈을 뜨고 있어도 아빠인 나를 알아보지 못했지요. 흔히 말하는 식물인간 상태입니다. 세 살이 되어도 3킬로그램이 채 되지 않았습니다. 가녀린 아이를 안고 병원이 정한 오후 2시부터 5시까지의 면회 시간을 함께 보내는 것에 대체 무슨 의미가 있는지 알 수 없을 때도 있었습니다. 평생 지금과 같은 상태일 텐데, 이런 면회가 대체 무슨 의미가 있을까……. 수많은 날들을 '적어도 집에서 간병할 수 있을 만큼 회복되었으면 좋겠다. 그러기 위해 모든 노력을 아낌없이 쏟자'는 목표로 지냈습니다. 그러면서도 한편에는 아들이 치유되길 바라는 나 자신도 있었지요.

장애아들이 입원한 그 병원에 부모들은 거의 면회를 오지 않았습니다. 사실상 부모에게 버려진 아이도 적지 않았습니다. 그리고 주말에 갈 때마다 조그만 아이가 자그마한 침대에서 하나둘 사라져 있었지요. 부모에게 버림받고 조용히 저세상으로 떠나가는 아이들을 직접 내 눈으로 봤지요. 그러나 나는 그 부모들을 비난할 수 없습니다. 그만큼 중한 장애아와 함께 살아가는 일은 결코 쉽지 않으니까요.

점차 주저앉는 나를 지탱해 준 것은 역시 난치병으로 입원한 다른 아이의 어머니였습니다. 그 아이는 나의 아들처럼 의식이 없었지요. 인공호흡기를 달고 매일매일 누워만 있었습니다. 그래도 그 어머니는 간병을 위해 거의 매일 병원에 면회하러 왔고, 의식 없는 그 아이의 머리를 빗겨 주고 침대 옆에서 동화책을 읽어 주었지요. 그 어머니는 늘 단아한 모습으로 아주 담담히 그리고 온화한 얼굴로 비가 오는 날에도 바람이 부는 날에도 혹한의 날씨에도 책을 읽어 주러 왔습니다. 잠만 자는 아이에게 말이지요.

그 어머니의 따스하고 아름답지만 강인한 삶의 태도에 나는 몇 번이고 나 자신을 돌아보고 반성했지요. 인간이란 이토록 숭고할 수 있는 존재이구나! 어떤 보상도 받지 못해도 사랑을 베풀 만큼 강인하고 아름다운 모습에 늘 감동 받았습니다. 그와 동시에 슬며시 노력한 만큼의 대가를 기대하는 자신이 한없이 부끄러웠지요. 어떻게 하면 힘든 일을 이토록 담담히 해나갈 수 있을까? 당시 얄팍했던 나는 도저히 이해할 수 없었지요. 그러나 지금은 알 것 같습니다.

그 어머니는 본디 자신이 노력하고 있다는 것도 인식하지 못했을 것입니다. 필설로는 이루 다 표현할 수 없는 상황에 놓여 있었음에도 불구하고 정신적으로는 고통이라고 느끼지 않았을 것입니다. 자신의 아이에 대한 깊은 애정과 숭고한 노력, 인생에 대한 태도는 이런 데서 나타나는 것임을 뼈저리게 실감했습니다.

강한 신념, 사명, 사심 없는 애정에서 나오는 행동이나 숭고한 노력은 대가를 바라지 않지요. 그렇기 때문에 우리들은 감동 받는 것

노력은 외롭지 않아

입니다. 대가를 바란다는 것은 타인에게 평가 받기 위해 노력하는 것과 다름없습니다.

그 어머니는 나의 아들이 세상을 떠나기 직전에 새로운 생명을 잉태했습니다. 그리고 지금은 분명 행복한 시간을 보내고 있을 것이라 믿습니다.

노력을
지지하는 말

또 한 가지 중요한 것이 있습니다. 노력을 통해 키워진 신념과 긍지가 그 사람의 가치를 결정하고, 대가를 바라지 않는 노력이 아무리 중요하다 해도, 그 노력을 지탱하는 큰 무기는 따로 있습니다. 그 사람을 응원하는 주위 사람들의 따스하고 애정으로 가득한 말이지요.

소치 올림픽에서 아사다 마오 선수가 쇼트 프로그램에서 큰 실수를 한 뒤에 프리 프로그램을 위해 빙상에 섰을 때입니다. 전날 저지른 실수도 있어 과연 어떤 연기를 펼칠지 관중들이 마른침을 삼키고 지켜봤기 때문에 경기장은 정적에 휩싸여 있었습니다. 그때였지요. 한 여성이 낭랑한 목소리로 크게 외쳤습니다. "마오, 너라면 할 수 있어!" 그녀는 인터뷰에서 그 격려의 목소리를 똑똑히 들었다고 말했습니다.

장애인 올림픽에서 알파인스키 금메달을 딴 스즈키 다케시 선수도 라이벌이자 선배이기도 한 모리이 다이키 선수로부터 "다케시, 너라면 반드시 1등을 할 수 있으니 공격적으로 나가. 마음껏 도전해 봐!"라는 격려를 받고 멋지게 금메달을 거머쥐었지요.

나 역시도 주변 사람들이 건네 준 응원의 말에 얼마나 힘을 얻어 왔는지 모릅니다. 아들이 장애를 가지고 태어났다는 사실을 아이가 태어난 지 몇 시간 뒤에 알았을 때 나는 병원에서 정신을 잃고 쓰러졌습니다. 내가 저질렀던 과거의 여러 가지 잘못 때문일지 모른다며 자책하기도 했지요. "벌 받은 거 아니야?" 어떤 선배 변호사는 내게 태연히 이렇게 말하더군요. 세상에는 이런 무신경한 사람이 늘 있게 마련이지요.

반면 여러 사정으로 당시 아내와 결국 이혼에 이르게 되어 동료 변호사에게 고민을 털어놓자 그는 이런 말로 나를 격려해 주었습니다. "마스다, 당신은 도망치지 않고 인생의 역경과 정면에서 맞섰지요. 최선을 다했다는 것 잘 압니다. 그 결과이니, 괜찮아요." 또 이렇게 격려해 주던 지인도 있었습니다. "일하면서 아내의 간병까지 동분서주했죠. 온 힘을 다하는 모습이 놀라워요."

다시 아이를 갖는다는 것에 얼마나 두려움을 느꼈는지 모릅니다. 검사로 유전자에 문제가 없다는 사실을 확인했음에도 '또 장애아가 태어나는 게 아닐까? 아니면 태어나자마자 죽어 버리는 건 아닐까?' 이런 공포에서 도무지 벗어나지 못했습니다. 그런데 한 고등학교 선배가 이런 말로 격려해 주었습니다. "가나메(나의 본명이지요), 아이를 만들든 만들지 않든 네가 좋으면 상관없어. 하지만 도망치지는 마. 꼭 다시 일어서라!" 그 한마디에 나는 크게 앞으로 나아갈 수 있었습니다.

변호사를 그만두려는 생각으로 뉴욕에서 1년간 지내면서도 응원의 말을 들었습니다. 다시 한 번 변호사로서 시작하기로 결심하게 만든 것은 당시 빈번히 찾아갔던 일식 레스토랑 주방장의 한마디였지요. "어려움에 처해 선생의 도움을 필요로 하는 사람이 많을 겁니다. 힘이 되어 주세요. 그것은 선생의 의무이기도 합니다. 선생이라면 기필코 해낼 수 있습니다."

더불어 뉴욕에서는 이런 일도 있었지요. 반려견 마루와 센트럴 파크를 산책하고 있었을 때입니다. 잘 차려입은 노부인이 지나치면서 내게 말을 건네더군요. "이 개는 당신을 정말 좋아하는군요. 아빠, 아빠 하고 당신을 부르는 것 같아요."

이 순간, 마치 여우에 홀린 듯했습니다. 이 사람은 대체 누구지? 신이 보낸 천사? 아니면, 정신 나간 사람? 진실이 무엇이든 어째서 '개의 마음'을 알았던 것인지 지금도 이상할 따름입니다. 내게는 그

속삭임이 정말로 영혼을 흔들어 놓았습니다.

사실 그 며칠 전에 내가 잠시 집을 비운 사이에 마루가 크게 경련을 일으켰습니다. 시험을 앞두고 힘들게 공부하다 지칠 대로 지친 몸으로 돌아왔더니 집 안이 엉망진창이 되어 있었습니다. 마루는 경련을 일으키면 그 고통으로 인해 난폭해져 간혹 집 안을 그렇게 만들기도 했지요. 게다가 경련으로 자신의 몸을 제어할 수 없어 온 집에 대소변을 보기 때문에 청소하는 데만도 반나절이 필요할 정도지요. 그런 상황이다 보니 나도 모르게 '아들 녀석으로 마음 아프고 마루로 속 썩고, 대체 내 인생은 왜 이 모양일까? 이제 그만 좀 해라' 하며 자포자기의 심정이 되었지요. 온 방 안에 묻은 마루의 대변을 치우면서 말이지요.

그러나 이 노부인의 속삭임으로 나는 '마루는 그 무엇과도 바꿀 수 없는 소중한 친구다. 아들과 같은 병으로 괴로워하고 내 곁으로 와주었다. 이 만남을 소중히 하자. 마지막까지 잘 보살펴 주자'라고 강하게 결심할 수 있었지요.

그리고 일본에 돌아와서도 마루는 나와 4년간 같이 살았습니다. 마지막 6개월은 그저 누워 지내는 일이 많고 대소변을 해결하는 데도 상당히 어려움을 겪었습니다. 두 살 난 딸아이에, 재혼한 아내의 배 속에도 아이가 있었기에 당연히 위생적인 면에도 마음이 쓰였습니다. 수의사를 포함하여 주위의 많은 사람들이 안락사를 권했는데,

개가 고통을 견딜 수 있는 한 끝까지 보살피고 싶었기에 온 힘을 다했습니다. 그리고 배 속의 아이가 태어나기 2개월 전 태풍이 몰아치던 날 마루는 정말로 갑작스럽게 잠을 자듯이 숨을 거두었지요. 마치 아들이 태어나는 것과 맞바꾸듯이, "고마웠어요. 이젠 아이와 행복하게 살아요!"라고 말하듯이 조용히 스스로 저세상으로 떠나간 느낌이었지요.

처음 우리 집에 왔을 때 정말로 작았던 모습, 긴 몸통, 짧은 다리, 동글동글한 눈, 함께 뉴욕에서 지내던 나날, 딸아이가 태어나 '혹시나' 하는 마음에서 아이의 침대에 목책을 둘렀더니 어느 사이엔가 침대에 들어가 아이와 새근새근 잠자던 얼굴…… 모든 일이 고스란히 아름다운 추억이 되었습니다. 아들이 투병하던 시기에 나는 당시의 아내와 달리 어딘가 자포자기하고 있었습니다. 절망에서 벗어나는 동안에 실로 많은 것을 배웠지만, 그래도 어딘가에서 완전히 연소되지 않은 미련이 남아 있었지요. 운명이나 숙명과 아직 제대로 승부를 겨뤄 보지 못한 느낌이랄까요. 그러나 마루와 6년간 무엇과도 바꿀 수 없는 나날을 보내면서 나 나름대로 운명이나 숙명과 어떻게든 승부를 낼 수 있었지요.

마루의 병을 고치지는 못했으니 이번에도 결과를 얻지는 못한 것이지요. 그래도 뭔가 달성했다는 감각을 얻을 수 있었습니다. 그리고 내가 이런 성장을 이룰 수 있었던 것은 그 노부인의 따스한 말

한마디 덕분이었습니다.

　신념이 노력을 낳고, 그 노력이 신념을 강하게 하고 긍지를 낳습니다. 신념은 때로 흔들리기도 합니다. 많은 어려움을 딛고 일어섰다 해도 주눅이 들기도 하지요. 그런 때 마음을 지탱해 주는 것은 누군가 건네는 주옥같은 말과 격려입니다.

　말이 얼마나 위대한 힘을 가지는지 꼭 기억해 주세요. 당신의 따스한 한마디는 틀림없이 한 사람의 큰 성장을 이끌어 낼 것입니다.

노력의 마지막 친구는 '미래'

　많은 사람의 성원에 힘입어 나는 오늘이라는 날을 맞이했습니다. 따라서 모든 사람에게 진심으로 감사의 마음을 전하고 싶습니다.

　과거 헤어진 아내에게도 감사한 마음이 많습니다. 그녀와의 사이에서 태어난 아들 덕에 나는 실로 많은 것을 배울 수 있었습니다. 개인적인 내용을 다루고 있어 전처에게 사전에 원고를 보여 주었더니 1장에서 굵은 눈물을 흘리면서도 '스토리가 왠지 사무라고우치 마모루(본문 중 언급한 사기꾼 작곡가)의 음악 같다!'며 웃더군요. 함께 싸운 전우이기에 통하는 농담이지요. 동시에 원고에 도움이 되는 조언도 해주었습니다. 지금 그녀는 불우한 아이들을 돕는 NPO를 설립하여 왕성히 활동하고 있지요. 여러 가지로 고맙습니다.

　건강하고 튼튼한 두 아이를 낳아 준 지금의 아내에게도 고맙고 고맙습니다. 현재 아홉 살이 된 딸아이와 여섯 살 난 아들에게도 고맙습니다. 이 아이들이 웃는 얼굴을 보는 것만으로 나는 행복하니다. 나를 부모로 선택해 줘서 고맙습니다. 또한 이 졸작은 나의 아이들에게 남기는 미래의 유언이기도 합니다.

'아빠는 이런 인생을 살아왔단다. 힘든 일이 있어도 늘 앞을 향해 걸어왔지. 그러니 너희들도 장차 어떤 역경이나 시련과 만나도 이겨 나가길 바란다. 힘이 든다면 천천히 해도 좋고, 쉬어도 좋다. 이 책을 참고로 이겨 내거라. 그러면 반드시 밝은 미래가 기다리고 있을 테니! 아빠는 너희들이 자랑스럽단다.'

우리 부부가 아이들에게 남기고 싶은 것이 있다면, 그것은 재산이나 흔히 말하는 부모의 사회적 지위나 직함이 아니라 교육, 그리고 삶의 태도입니다. 집에 들어가면 내게 달려오는 이 아이들이 마침내 성장하여 세상에 시달리고 운명이나 숙명과 싸우는 동안에 이 책의 의미를 이해해 주기를 마음으로 바라고 있습니다.

부모님을 일찍 여의고 경제적인 어려움으로 진학하고 싶어도

할 수 없는 청소년들에게 조금이라도 힘이 될 수 있도록 이 책의 인
세 일부를 기부할 생각입니다. 나도 대학과 로스쿨에서 장학금이나
학비 면제로 정말로 큰 도움을 받았기 때문에, 지금은 내가 어려운
학생들에게 도움을 줄 차례라고 생각합니다. 작으나마 은혜를 갚을
수 있다면 좋겠습니다.

  노력의 마지막 친구는 결국 '미래'이지요. 빛나는 미래를 창조하
는 것은 남이 아닙니다. 물론 운명이나 숙명도 아니지요.
  맞습니다. 바로 당신의 노력이지요.
  신념, '동적'인 노력, 역경이나 시련, '정적'인 노력, 때로는 휴식
을 거쳐 다시 부활의 날이 찾아옵니다. 비록 결과를 얻지 못해도, 성
과가 없어도, 노력하는 동안 '긍지'를 얻고 운명이나 숙명과 나름의
승부를 낼 수 있다면, 노력은 빛나는 미래로 우리를 이끕니다. 따라

서 지금 노력의 한계에 이른 사람, 역경이나 시련 속에서 괴로운 사람, 살아갈 희망을 잃은 모든 사람들에게 들려주고 싶은 말이 있습니다.

당장은 나아갈 수 없어도, 웅크리고 넘어진 그곳에서 다시 앞으로 나아갈 날이 찾아온다는 것을 믿으세요. 그리고 노력의 위대한 힘을 믿고 아무쪼록 미래를 향해 날갯짓하세요. 인생은 어쩌면 힘들고 어려운 일들이 더 많을지 모릅니다. 그러나 그 가운데서 의미와 자신의 역할을 찾아 즐거운 일에 마음껏 즐거워하며 숭고한 노력을 계속 이어 간다면 기적이라는 선물을 받을지도 모릅니다.

모든 것은 자신의 책임이라는 사실을 명심하고 미래만을 응시하고 앞으로 나아가세요. 당신 자신만이 당신과 미래를 바꿀 수 있습니다. 그날이 당신에게 기필코 찾아오길 진심으로 기원합니다.

아우름 08

노력은
외롭지 않아

1판 1쇄 발행 2015년 12월 21일
1판 4쇄 발행 2022년 8월 29일

지은이 마스다 에이지
옮긴이 박재현
펴낸이 김성구

콘텐츠본부 고혁 조은아 김초록 이은주 김지용
디자인 이영민
마케팅부 송영우 어찬 김하은
관 리 박현주

표지 패턴 NOSTRESS 민유경

펴낸곳 (주)샘터사
등 록 2001년 10월 15일 제1-2923호
주 소 서울시 종로구 창경궁로35길 26 2층 (03076)
전 화 02-763-8965 (콘텐츠본부) 02-763-8966 (마케팅부)
팩 스 02-3672-1873 **이메일** book@isamtoh.com **홈페이지** www.isamtoh.com

한국어 판권 © (주)샘터사, 2015, Printed in Korea.

ISBN 978-89-464-2016-8 04190
ISBN 978-89-464-1885-1 04080(세트)

값은 뒤표지에 있습니다.
잘못 만들어진 책은 구입처에서 교환해 드립니다.